丛书编委会

总　策　划： 来新国　王文成

编委会主任： 郭齐勇　周晓亮

编　　　委： 来新国　陈知涯　张　彧　尹格韬　沈　众

　　　　　　　王文成　孟淑贤　周长志　罗养毅　秦　丹

　　　　　　　乌　琛

大家精要

顾颉刚

王林 著

陕西师范大学出版总社

图书代号 SK16N1480

图书在版编目（CIP）数据

顾颉刚／王林著.—西安：陕西师范大学出版总社有限公司，
2017.5（2024.1重印）

（大家精要）

ISBN 978-7-5613-8876-1

Ⅰ.①顾…　Ⅱ.①王…　Ⅲ.①顾颉刚（1893—1980）—
传记　Ⅳ.①K825.81

中国版本图书馆CIP数据核字（2017）第045754号

顾颉刚　GU JIEGANG

王　林　著

责任编辑	刘　定
责任校对	王雅琨
封面设计	张潇伊
出版发行	陕西师范大学出版总社
	（西安市长安南路199号　邮编710062）
网　址	http://www.snupg.com
印　制	永清县晔盛亚胶印有限公司
开　本	650 mm×930 mm　1/16
印　张	10
字　数	100千
版　次	2017年5月第1版
印　次	2024年1月第2次印刷
书　号	ISBN 978-7-5613-8876-1
定　价	45.00元

目　录

第 1 章

"恨不能读尽天下书"

顾颉刚生于读书世家,幼承庭训,聪明好学,还不会走路就认识很多字。十一岁就开始逛书摊,十二岁时就发出"恨不能读尽天下书"的感慨。大学毕业后的第一份工作就是在图书馆编书目。终其一生,与书结下了不解之缘,爱读书、爱买书、爱藏书,读书、买书、写书、教书成了他生命的存在方式和人生的全部追求。

天生读书种子

1893 年 5 月 8 日,顾颉刚出生于江苏省苏州市悬桥巷顾家花园。

顾家在苏州是读书世家,康熙皇帝下江南时,闻顾家文风之盛,曾誉顾家为"江南第一读书人家"。顾颉刚的祖父顾廉军是秀才,以幕僚为业,对《说文》和金石很有研究,著有《说文通俗》十四卷及《古慕轩印蜕》八册。其父顾子虬也是秀才，早年以教馆为业，曾被江苏省考送京师大学堂，因学校津贴无法养家而返家，任小学国文教员。后为生计所迫，先后任南京造币厂文牍、杭州仁和场盐运署科长。

顾家人丁不旺，当顾颉刚出生时，顾家已很久未听到小孩的声息了。由于他是祖父母的长孙，因此受到极浓挚的慈爱。又由于生在书香之家，尚在提抱之中，就由祖父教令识字，以至于还不会走路时已认识不少字。当家人抱他上街，他指着招牌认字时，店铺中人甚感诧异，以为是前世带来的字呢！后来他母亲教他《三字经》《千字文》，父亲、叔父又教他《诗品》《天文歌诀》《地球韵言》等。因此，顾颉刚很早就能自己看书，六七岁时已能读些唱本小说和简明古书。

顾颉刚六岁入私塾，读四书、《诗经》《左传》《礼记》等。读《论语》时知道了许多古人的名字，读《孟子》时便能从其叙述道统的话中分出他们的先后，并写成一篇五页的小史，其对历史的兴趣竟如此浓厚。顾颉刚读书不肯盲从，经常在书中的经文和注文中批抹，发表自己的见解。

顾家藏书丰富，顾颉刚每天从私塾放学回来，就偷偷看祖父、父亲及叔父所藏书籍。他后来回忆说："我的翻看书籍，并不是要功课做得好，得着长者的赞许，只觉得书籍里的世界比我日常所处的世界大得多，我遏不住我好奇的欲望，要伸首到这大世界里探看一回。"他姑丈家里有一座"黄金阁"，是藏书的地方，他一到那里，就上阁埋头翻书，别人呼唤也不出来，这事在亲戚间传为笑谈。

由于酷爱读书，家中的藏书已不能满足他的需求，于是顾颉刚就开始到街上的大小书摊买书。他把过年时长辈给的压岁钱和平时得到的点心钱，积攒起来，瞒着家人，到书铺中挑拣自己喜欢的书籍。他祖母生活节俭，但对孙子买书却极为慷慨。顾颉刚十一岁时就天天出入书肆，一年下来能买五六百册。

顾颉刚在私塾期间，除读经史子集外，还阅读一些介绍西学和新思想的新书，如他买的第一本书便是《西洋文明史要》。他还经常阅读梁启超主编的《新民丛报》，特别对《少年中国说》《呵旁观者文》这样慷慨激昂的文章尤其欣赏，梁启超那种浅显畅达而又感情丰富的文章对他作文有很大影响。

在私塾期间，有两年没有正式教师，顾颉刚由此得以放纵自己的读书欲望。他后来回忆说："这两年中，为了功课的松，由得我要怎样做就怎样做。我要读书，便自己到书铺里选着买；买了来，便自己选着读。我看了报纸，便自己发挥议论。有什么地方开会，我便前去听讲。要游戏，要胡闹，要闲谈遣日，当然也随我的便。这两年中的进境真像飞一般的快，我过去的三十年中吸收知识从来没有这样顺利的：我看无论哪种书都可以懂得一点了，天地之大我也识得了一个约略了。"

1906年，十四岁的顾颉刚进入苏州长元吴公立高等小学，接受新式教育。入学不久就因患病休学。在家养病期间，他自读《汉魏丛书》及《二十二子》，对古书了解更为全面。入学后，又对上海出版的《国粹学报》着了迷，托人将《国粹学报》全部买来，在校内阅读，有一次竟忘记了考试。

1908年，顾颉刚进入苏州公立第一中学堂。与好友王伯祥、叶圣陶经常出入书肆，并对目录学发生了兴趣，《四库总目》《汇刻书目》《书目答问》一类的书翻得极熟。由于翻书太多，所以各种书很少能从第一字看到最后一字，常常是一部书未读完，又随着问题和兴趣读下一部，甚至第三部、第四部。在中学二年级，他每晚放学回来，又跟祖父学习《周易》《尚书》和《礼记》，已感觉到古书中有很多问题。

这一时期，他仍大量买书。有一次，他在书肆中见到一部《惜阴轩丛书》，便与书商讨价还价，书商以十八枚银圆为底线，不肯再让。这对他来说是一笔巨款，凭自己的私房钱是不可能凑够的。于是，他只好连日纠缠他祖母，说尽好话，连平时祖母要他做而他不肯做的事都答应了。最后，祖母满足了他的要求，终于将那部书买回来了。由于买书太多，有一年，竟负书债二百余元，他不敢向家中要钱，只得向同学借。有些书他带回家，并不想将来如何还债，只要能多看几眼，用手摸摸，过过瘾就满足了。到年底结账拿不出钱来，只得将书还给书铺。

1913 年，二十一岁的顾颉刚考入北京大学预科，因报农科，被编入二部。受同学毛子水的影响，开始改变随便翻书的习惯，依秩序读书。有一段时间，他每晚去听章太炎讲学，深受启发，得知今古文经学的分歧。

1914 年，顾颉刚改入预科一部，读书更用功。自己规定八种书，每天依次点读。在读书时，他总喜欢把自己的主张批在书上，书端写不下时，便写在笔记簿上，由此养成了坚持一生的写读书笔记的习惯。1915 年初，他因病休学一年，回到苏州家中，便开始按照自己的兴趣来进行古籍考订工作，写成《清代著述考》一书。

1916 年，顾颉刚考入北京大学中国哲学门。1917 年，蔡元培任北京大学校长，实行"思想自由、兼容并包"的办学方针，聘陈独秀、胡适来校任教。顾颉刚初次听胡适讲课，极为震动，很佩服胡适的眼光、胆量和裁断。从此以后，他在胡适的直接影响和鼓励下走上了疑古辨伪的学术大道。

1920年，顾颉刚从北京大学毕业，留校任图书馆编目员，这正是他最向往的工作，从此这位酷爱读书的书痴得以在书海里畅游。

买书成瘾，藏书盈室

顾颉刚工作以后买书成瘾，为此常常负债。在上海商务印书馆工作期间，有一次与朋友上街，在四马路集成书局发现一部段玉裁的《春秋左氏古经》，是两部《皇清经解》中没有收进的，便出两元四角买下。卖书人见他买此书，就问还有一部毛奇龄的《春秋毛氏传》要不要？顾不敢多买书，就搪塞说，要买《春秋毛氏传》，不如买《毛奇龄全集》。他本以为全集必是书铺所没有的。不料卖书人说，这里有一部全集，可以看看。这部全集价钱很贵，在北京要卖百余元。顾当时买不起，于是就说过一天再说吧。可卖书人说，书就在这里，看看也好。于是就拿出来让顾颉刚看，并劝他买。顾本来不想买，又急于脱身，就说我至多出价五十元，不卖就算了。不料卖书人竟答应了。这下再无法推辞，只得买下。为此，他不得不将代父亲收的田租借来一用。他为此深深地自责，并写信给妻子希望她不要生气。

顾颉刚爱买书的嗜好一生未曾中断，他女儿回忆说，父亲生活节俭，他的嗜好就是买书，但手头并不宽裕，常为了看到一部盼望许久的书却无钱购买而感到苦恼，一旦凑够了钱，往往托别人去买回而自己不敢去书店，因为怕到了书店再看到其他想买的书又引起新的苦恼来。

除个人买书外，顾颉刚在1927年还曾受中山大学委托，赴江浙一带代购图书。在去杭州购书之前，他曾做《国立广州中山大学购求中国图书计划书》一文，详细说明购书的宗旨和内容。他认为，以前人看图书是载圣人之道的，所以藏书的目的是要劝人取它做道德和文章的。现在我们的目的是增进知识了，我们要把记载自然界和社会的材料一齐收来，使得普通人可以得到常识，专家们也可以致力研究。他计划所购图书资料有十六类：经史子集及丛书、档案、地方志、家族志、社会事件之记载、个人生活之记载、账簿、中国汉族以外各民族之文籍、基督教会出版之书籍及译本书、宗教及迷信书、民众文学书、旧艺术书、教育书、古存简籍、著述稿本、实物之图像。经过四个多月的购买，共购书约十二万册，花费五万六千余元。

这份《国立广州中山大学购求中国图书计划书》，既充分反映了作为历史学家的顾颉刚对历史资料的认识，也对中国现代图书馆事业的发展产生了重要的影响。它后来作为《中山大学图书馆丛书》之一出版，中山大学图书馆馆长杜定友对这份计划书推崇备至，写了一篇很长的《书后》，评价道："我拜读了顾先生的《购求中国图书计划书》之后，心中十二分的佩服。他这《计划书》的篇幅，虽是很短，但是含义甚深，计划周密。所要说的，都说过了。我对于他的计划，不敢赞一辞。

他拟的十六大类，已经把所有的材料，包括殆尽，更不容有所添减。我只是以图书馆学的眼光，来读这篇文章，觉得它非常的有价值、有意义，值得我们图书馆学的人注意。顾先生虽不是专门研究图书馆学的人，但是他所说的，没有一句不合于图书馆学原理，没有一事不合于图书馆的范围。而且不尚空论，把实际的计划和各类书籍购求之必要，详述无遗，尤令人钦佩！"又说："我相信若是我们能够依着顾先生的计划，去搜罗古籍。本着上述数点，去打破传统的观念，扩大图书馆范围，实行科学的管理。这非但于中大图书馆前途有无限的发展，既于中国图书馆界也有重大的贡献。"现代著名图书馆专家顾廷龙对这份计划书也极为看重，他在1981年回忆说："我从事图书馆古籍采购事将五十年，即循此途径为收购目标，颇得文史学者称便。"

顾颉刚一生藏书丰富，但在战乱的环境中也有较大的损失。抗战全面爆发后，他匆匆离开北平，所有存留在燕京大学成府寓舍的图书、稿件、信札，由顾廷龙代为保管。后形势发生变化，顾廷龙感到成府寓所已不安全，便找侯仁之相助，征得燕大总务处同意，将这批书稿存入燕大临湖轩司徒雷登校长住宅之地窖。图书装了二十余箱，约有三万五千册之多，另有两箱讲义和稿件。他的另一些零种藏书，约万册，由顾廷龙存于燕大学生宿舍四楼。1941年冬太平洋战争爆发后，日本人接收了燕京大学。第二年，顾颉刚存于校长住宅之书稿全被日本1821部队经理部劫去。稍后，其存在学生宿舍四楼的书籍也被日本华北综合调查所劫去。顾颉刚得知后极为痛惜，他说："此项图书约五万册，稿件、信札等则有十余岁至四十岁三十年中积累也。"

顾颉刚原在北平城里的书物，大部分存于禹贡学会，而稿件、信札等存于天津中国银行仓库。太平洋战争爆发后，日本人接收银行，清理仓库，将其中的存物拍卖。顾颉刚的好友章元善之弟章元群得知后，又代为收赎，改存在浙江兴业银行，才得以保存。当顾颉刚后来打开木箱，看到昔日的日记、笔记、游记、信札时，不禁"热泪夺眶，若获亡子"。

抗战胜利后，顾颉刚回到上海，并将北平劫后的藏书运到上海，将其中凡有史料价值者，全部捐给上海合众图书馆。他说："我从有知识起，处于一切剧变之中，就想搜集资料，保存这一伟大时代的史实。当清朝末年，我在中学读书；民国初年，我在大学读书。每天散课后，走上街头，总爱在地摊上寻寻觅觅，得到些各地方、各政权、各党派、各事件的文件和书刊。北京是全国政治的中心，地摊上这类东西特别多，因为光顾的人稀少，价格便宜，往往十几枚铜圆就可买来一捆。在这里，可以看到维新运动、民教相仇、辛亥革命、洪宪帝制、张勋复辟、军阀混战、官吏横暴、政党斗争、反动会道门欺骗活动等史实。这些资料，经不起天天搜集，到我四十多岁时已占满了三间屋子。"抗战胜利后，他将劫后幸存的收集起来，这类近代史资料还有两万多册。由于上海的房屋容纳不下，又考虑到学术研究战线应当缩短，所以就全部捐给了合众图书馆。爱书如命的顾颉刚并不想把图书资料据为己有，而是要为时代变化留下记录，为学者研究提供方便。

1954年8月，顾颉刚到北京工作，任中国科学院历史研究所研究员。此次搬家，最大的工程就是图书运输。他在上海、苏州两地的藏书共装二百二十五箱，约九万册。科学院为其包了两节火车，全部运到北京。中科院将顾颉刚安排在干面胡同中科院宿舍，即清朝大学士李鸿藻府邸之正房，面积有二百平方米。顾颉刚为了整理书籍上架，就忙了两个多月，房屋四墙从地面至天花板排满了书箱，室中多放置书柜。尽管如此，仍不能容纳全部图书，不得不忍痛将大部头的书籍出售。

1980 年 12 月 25 日，八十八岁的顾颉刚在北京病逝。他所藏六万册图书，依照他生前"藏书不分散"之愿，由家人捐献给中国社会科学院图书馆，存于该馆的"顾颉刚文库"。这批图书既是顾颉刚一生读书治学的见证，也是研究 20 世纪中国史学的重要史料，它在成就顾颉刚辉煌事业之后，仍将泽被史林，浇灌后学。

第 2 章

"大禹是条虫" 引发的风波

大禹长期以来被视为华夏民族创榛辟莽的先祖之一，大禹治水，三过家门而不入的故事广为流传。可 20 世纪 20 年代，怀抱廓清古史迷雾壮志的顾颉刚在一篇文章中，竟然说大禹是条虫，由此在中国史学界和社会上引起轩然大波。有些人以此来嘲笑古史辨派，有些人因此对古史辨派有诸多误解，而顾颉刚也对此一再辩解、澄清。"大禹是条虫" 引发的争议，比较具体地反映了以顾颉刚为首的古史辨派在当时产生的轰动和影响。

"禹为动物，出于九鼎"

1923 年 5 月 6 日，《读书杂志》第九期发表了顾颉刚的《与钱玄同先生论古史书》一文。在这篇文章中，顾颉刚提出了轰动中国史学界的 "层累地造成的中国古史" 观。为了论证自己的学说，顾颉刚探讨了禹的来源，他认为禹是从九鼎上来的。按照《说文》上的解释，禹，虫也，兽足蹂地也。"以虫而有蹂地，大约是蜥蜴之类。"因此，他以为"禹或是九鼎上铸的一种动物，当时铸鼎像物，奇怪的形状一定很多，禹是鼎上动物的最有力者，或者有敷土的样子，所以就算他是开天辟地的人。流传到后来，就成了真的人王了"。

此说一出，立即引起强烈的反应。引发顾颉刚讨论古史的钱玄同对"层累说"极力赞同，认为是精当绝伦，但对顾颉刚将禹说成是蜥蜴之类，"窃谓不然"。刘掞藜则尖锐地批评道："这种《说文》迷，想入非非，任情臆造的附会，真是奇得骇人了！我骇了以后一想，或者顾君一时忘却古来名字假借之说。不然我们要问稷为形声字，是五谷之长，何以不认后稷为植物呢？难道那奇形怪状的象物九鼎上没有稷这种植物么？九鼎上的动物——禹——流传到后来成了真的人王，何以不说稷为九鼎上的植物，流传到后来成了周的祖宗呢？"另一位学者胡董人也有类似的批评："这种望文生义的解释，如何叫人信服呢？若依这个例子，则舜字本义，《说文》训作蔓草，难道帝舜就是一种植物吗？"

对刘胡二人的反驳，顾颉刚做了详细的答复。在"禹是否有天性"这一问题上，他依旧认为禹是一个神，禹的来踪去迹不明，在古史上的地位是独立的（父鲧子启全出于伪史，不足信）。禹不是周族的祖先而为周族所称，不是商族的祖先而亦为商族所称，他的神话是普遍的。地位的独立，神话的普遍，唯有天神才能如此。在"禹与夏有没有关系"这一问题上，他认为称禹为夏禹，正和称尧为唐尧，舜为虞舜一样无稽。禹和夏尧和唐舜和虞所以发生关系，这是战国的伪史家维持信用的长技。他们觉得尧舜禹都是冥漠中独立的个人，非各装在一个着实的地方不足以使得他们的地位巩固，于是这些假人经由伪史家的作合，就招婿到几个真国度里做主人了。至于最引起争议的"禹的来源何在"，他说，对刘胡二人的反对，并不抗辩，因为这原是一个假设。他把当初假设的理由列出来之后，得出的结论是：对于"禹为动物，出于九鼎"这个假定，"我现在对于这个假定的前半还以为不误，对于后半，便承认有修正的必要了"。而且又下一个新的假定："禹是南方民族的神话中的人物。"由此可见，顾颉刚仍坚持认为，禹是动物或神话中的人物，并不是一个真正的人。

也许是因为"大禹是条虫"怀疑太过大胆，令人难以接受，或者是因为证据不足，仍需不断研究，因此，顾颉刚后来对这一假说不断进行修正和辩解。在《古史辨》第一册那篇著名的自序中，他仍说：禹之是否实有其人，我们已无从知道。就现存的最早的材料看，禹确是一个富于神性的人物，他的故事也因各地的崇奉而传布得很远。至于我们现在所以知道他是一个历史上的人物，乃是由于他的神话性的故事经过了一番历史的安排以后的种种记载而来。我们只要把《诗》《书》和彝器铭辞的话放在一边，把战国诸子和史书的话放在另一边，比较看着，自可明白这些历史性质的故事乃是后起的。所以，我说禹由神变人，是顺着传说的次序说的；刘、冯（友兰）诸先生说禹由人变神，乃是先承认了后起的传说而更把它解释以前的传说的。再有一层，在实际上无论禹是人是神，但在那时人的心目中，则他确是一个神性的人物。他举例说，关羽、华佗、包拯、张三丰这些是由人变神的，而文昌本是北斗旁的星，但到后来变成了晋将蜀人张恶子了，湘君、湘夫人本是湘水的神，但后来也变成了尧的两女了。可见从神变人和从人变神是同样的通行，我们不能取了人的一方面就丢了神的一方面。我们只能就当时人的心目中的观念断说他的地位而已。禹尽可以是一个历史上的人物，但从春秋上溯到西周，就所见的材料而论，他确是一个神性的人物。更古的材料，我们大家见不到，如何可以断说他的究竟。至于春秋以下的材料，我早已说过，他确是人了。在这里，顾颉刚仍认为，禹最初是一个神性的人物，后来在传说中不断人化，成了人。

"这是对我最浅的认识"

随着《古史辨》第一册的出版，顾颉刚提出的"层累地造成的中国古史"观极大地震动了中国史学界。可仍有人以"大禹是条虫"这一不太严谨的假说来挖苦或嘲笑"层累说"，这使顾颉刚颇为无奈。因此，他在《古史辨》第二册序言中又对此加以辩解："最使我惆怅的，是有许多人只记得我的禹为动物，出于九鼎的话，称赞我的就用这句话来称赞我，讥笑我的也就用这句话来讥笑我：似乎我辩论古史只提出了这一个问题，而这个问题是已经给我这样地解决了的。其实，这个假设，我早已放弃。即使不放弃，也是我的辩论的枝叶而不是本干，这一说的成立与否和我的辩论的本干是没有什么大关系的。这是对我最浅的认识。"顾颉刚之所以对别人把"禹为动物，出于九鼎"作为他辩论古史的全部非常不满，是因为这一假说在现有的材料下难以得出定论，而以此来评价他的辩论古史则会由枝叶而牵涉到本干，严重误解和抹杀古史辨的意义和价值。

1936年6月，顾颉刚在《夏史考·前言》中说："十三年前，我们在《努力周报》副刊的《读书杂志》上讨论古史文中的中心问题为禹的是人是神？禹和夏有没有关系？讨论的结果固然对于这两个问题仍不能得到结论，但对于商以前的历史从此知道其中传说的成分极多，史实的成分极少，这便是我们工作的相当收获。这数年来，人家还只记得我在第一篇文字中所说的禹为虫，我屡次声明，这是我早已放弃了的假说；至于所以放弃的理由，乃为材料的不足，我们不该用了战国以下的记载来决定商周以前的史实。"

但事情并未到此为止，更大的笑话还在后面。抗战期间，顾颉刚在重庆期间，因办《文史杂志》的关系，与国民党中央组织部长朱家骅多有来往，这引起国民党另一派CC系（以陈果夫、陈立夫为首）的不满。陈立夫当时担任教育部长，他经常在演讲中说，"顾颉刚说，大禹王是一条虫呢"，以博众人一笑。1940年，顾颉刚在成都，有一天教育部次长顾毓琇来访，闲谈之间，顾毓琇提出禹的生日可考不可考？顾颉刚说："禹是神话中的人物，有无其人尚不能定，何从考出他的生日来。不过在川西羌人住居的松、理、茂、懋、汶一带地方，他们习惯以六月六日为禹的生日，祭祀祷赛很热闹，这是见于那些地方志的。"顾毓琇提出这个问题后就走了，顾颉刚也想不出他的用意。过了些时日，顾颉刚看到国民政府定于六月六日举行工程师节的新闻。到了那天，报纸上出了特刊，上面有陈立夫的一篇演讲，其中说："大禹治水是我国工程史上的第一件大事，现在禹的生日已由顾颉刚先生考证出来了，是 6 月 6 日，所以我们就定这一天为工程师节。"至此顾颉刚才明白顾毓琇前些时候问此问题的用意。顾对此哭笑不得，认为禹以 6 月 6 日为生日，这本是一个羌人的传说，《吴越春秋》里就有，苏东坡的诗里也有，羌人区域的地方志记载更多，何劳自己考证。但这一笑话却让反对者抓住了把柄，中央大学教授缪凤林就写文章骂顾颉刚是首鼠两端，既否认禹是一个人，又定他的生日，太不照顾前后了。顾颉刚认为，这件事是陈立夫故意愚弄他，借此来败坏他研究古史的声誉。

尽管"大禹是条虫"给顾颉刚带来很大麻烦，但终其一生，顾颉刚都没有放弃对大禹神性的思考。他在读书笔记中曾记下孙诒让、司马相如的一些议论，并认为这是"禹之为虫，又得一证"。后来，他在中央民族学院看见台湾高山族之器物，其族以蛇为图腾，其器物亦多蛇形之刻镂，便由此推想禹为夏族之图腾，其器物刻镂也大体如此。由此可见，他一直都在收集"禹为动物"的证据，对"禹为动物"的假说始终没有完全放弃。

第3章

"替中国史学界开了一个新纪元"

如果说"大禹是条虫"是顾颉刚辩论古史的枝叶，那么他辩论古史的本干则是他 1923 年首次提出的"层累地造成的中国古史"观。随着 1926 年《古史辨》第一册的出版，顾颉刚的"层累说"轰动了整个中国史学界。在这一学说面前，自秦汉以来由历代统治者及学者有意或无意中精心构筑的古史系统轰然倒塌，一切以前视为神圣的人物、事件、观念都在被怀疑和审查之列，必须依据可信的史料，重新归位，恢复其本来面目。

时代、个人和境遇

顾颉刚的"层累说"，是在继承前人疑古辨伪成果的基础上，由时代和个人多方面因素共同催生的一朵史学奇葩。

顾颉刚在晚年撰写的《我是怎样编写〈古史辨〉的?》一文中说："我的学术工作，开始就是从郑樵和姚、崔两人来的。

崔东壁的书启发我'传''记'不可信，姚际恒的书启发我不但'传''记'不可信，连'经'也不可尽信。郑樵的书启发我做学问要融会贯通，并引起我对《诗经》的怀疑。所以我的胆子越来越大，敢于打倒'经'和'传''记'中的一切偶像。我的《古史辨》的指导思想，从远的来说就是起源于郑、姚、崔三人的思想。"

十七岁的顾颉刚读到《国朝先正事略》中的阎若璩传，知道他已把《古文尚书》辨得很明白，是魏晋间人伪造的。受其启发，自己也想对《今文尚书》的某些篇目进行辨伪。同年，他又读到了姚际恒的《古今伪书考》一书，震动更大，他后来在此书的序言中说："头脑里忽然起了一次大革命。这是因为我的'枕中鸿宝'《汉魏丛书》所收的书，向来看为战国、秦、汉人所作的，被它一阵地打，十之七八都打到伪书堆里去了。我向来对于古人著作毫不发生问题的，到这时都引起问题来了。"

1921年，胡适将清代学者崔述的《东壁遗书》借给顾颉刚看。崔述在该书提要中引用的一句谚语"打破砂锅纹（问）到底"，引起了顾颉刚强烈的共鸣，因为他也有此种"过细而问多"的毛病。读罢此书，顾颉刚发现，他弄了几时辨伪的工作，很多自以为是创获的，但在崔述的书里已经辨证得明明白白。他真想不到有这样一部规模宏大而议论精锐的辨伪大著作已先他而存在。但他也发现崔述著作的缺陷，因为崔述信仰经书和孔孟的气味都嫌太重，书中糅杂了许多先入为主的成见，特别是崔述著书的目的在于驱除妨碍圣道的东西，辨伪只是手段。因此，他决定在崔述辨伪的基础上更进一步，做彻底的整理。不仅如此，崔述还认识到"其世愈后则其传闻愈繁""世益晚则其采择益杂"，已经说出古籍记载时代的远近和古史简繁的关系。这对后来顾颉刚提出"层累说"有直接的启发意义。

郑樵是宋代著名学者，他觉得各科的学问是必须会通的，他打破了各家各派不能相通的疆界，综合一生的学问，编出了一部《通志》。郑樵对前人的著述都不太满意，他做过一部《诗辨妄》，对于齐、鲁、韩、毛、郑五家解释《诗经》的说法都有批评。顾颉刚晚年回忆说："郑樵启发了我对《诗经》的怀疑，我一方面研究郑樵的思想，一方面研究《诗经》，我要离开了齐、鲁、韩、毛、郑五家的传统说法，自己来寻《诗经》的真正意义。"

学术研究譬如积薪，后来居上。顾颉刚之所以能在20世纪20年代提出震动中国史学界的"层累说"，拨开笼罩在古史系统上的千年迷雾，是与前代诸多学者的努力和积累分不开的。因此，顾颉刚在后来回顾《古史辨》是如何产生时，总是念念不忘前人在疑古辨伪方面取得的成绩以及对他的启发。

正如顾颉刚所说，前人疑古辨伪尽管很有成就，但总难以冲破经学的束缚和孔子的权威，无法从根本上廓清笼罩在古史系统上的迷雾。这其中有个人的因素，但更重要的是受时代风气的影响。而顾颉刚所处的时代与前代学者大不相同了，"五四"前后思想解放的潮流和同时代学者著作的影响及师友的直接点拨和刺激，终于使顾颉刚在疑古辨伪方面取得了超越前人的巨大成就。时代成就了顾颉刚，时代造就了《古史辨》。

顾颉刚在《古史辨》第一册自序中，将他编写《古史辨》的原因概括为三个方面，即时势、个性和境遇。就时势而言，顾颉刚认为，清代学者与前代学者相比，敢于脱离应用的束缚，也冲破了一尊的束缚，而且在古文家与今文家的互相攻击揭短中，使观战者破除了对某一家派的迷信。同时，西洋的科学传了进来，中国学者受到它的影响，对于治学的方法有了根本的觉悟，要把中国古今的学术整理清楚，认识它们的历史价值。在此背景下，整理国故的呼声最先倡始于章太炎，而实际领导者则是胡适。对顾颉刚而言，这两人都是他从事古史辨伪的引路人。

1913 年冬，刚入北大预科的顾颉刚曾与同学毛子水一道听过章太炎的讲学，他觉得章太炎的话既渊博，又系统，又有宗旨和批评，以前从没有碰到这样的教师，佩服极了。章太炎作为古文经学家，在讲学中自然对今文经学大肆诋毁，但在顾颉刚看来，古文学家主张六经皆史，把孔子当作哲学家和史学家看待，是极合理的。因此，他当时愿意随从章太炎之风，用看史书的眼光去认识六经，用看哲人和学者的眼光去认识孔子。更重要的一点在于，听了章太炎的讲学，顾颉刚的治学观念发生了很大变化，他认为在学问上则只当问真不真，不当问用不用。学问固然可以应用，但应用只是学问的自然的结果，而不是着手做学问的目的。从此以后，他敢于大胆做无用的研究，不为一班人的势利观念所笼罩。他把这一觉悟看作将来在学问上成功的根源，而启发他觉悟的就是章太炎对今文家"通经致用"的攻击。

听了章太炎的讲学，顾颉刚当时就愿意做一个古文家。也许是好奇心和求知欲的驱使，他又想看看今文家是如何荒谬的。不料，找来康有为的《新学伪经考》一看，发现康有为论辩的基础完全建立于历史的证据上，因此，对今文家平心了不少。后来，又看到康有为的《孔子改制考》，其中第一篇论上古事茫昧无稽，说孔子时夏殷的文献已苦于不足，何况三皇五帝的史事，此说即惬心餍理。从此，他认识到古文家诋毁今文家大都不过为了党见，这是经师的态度而不是学者的态度。正是因为对古文家和今文家都有所了解，顾颉刚才能吸收了两派的长处，同时又不受古文家或今文家的束缚，在疑古辨伪的道路上走得更远，取得更大的成绩。

就个性而言，顾颉刚外表谦和，但骨子里是一个桀骜不驯的人，不肯随便听信他人的话，受他人的管束。他又是一个历史兴味极浓重的人，喜欢把一件事考证得明明白白，看出它的来踪和去迹。他还是一个好奇心极强的人，会随处生出问题而要求解答，在不曾得到解答的时候，就会觉得胸中烦闷难以忍受。由于具备这几项个性，因此，他敢于怀疑古书而把它做深入的研究，敢于推倒数千年的偶像而不稍吝惜，敢于在向来不发生问题的地方发出问题而不怕他人的攻击。他自己说，如果早生若干年，处于不许批评又没有研究方法的学术社会中，或者被人视为疯子、妄人。幸运的是，顾颉刚生在一个怀疑一切、重估一切价值的思想解放的时代，他才敢放大胆子将自己的想法叫喊出来。

就境遇而言，顾颉刚所遇到的环境也是其他人难以相比的。他生在科举未废的时代，幼年有读经机会。他的祖父母都是讲故事的高手，培养出他浓厚的历史兴趣。他后来又进了新式学堂，接受一些科学的观念。他自幼酷爱读书，家乡苏州又有许多书铺供其闲游，使他对古今学术知道一点大概，储藏着许多考证的材料。在北大上学期间，看了两年的戏，这看似荒废学业的举动，却使他对于民间的传说得到一个大体的领略。在北大遇到毛子水和章太炎，产生了自觉治学的意志。在北大遇到傅斯年和胡适，又逢上《新青年》鼓吹思想革命，使他胸中积着的许多打破传统学说的见解敢于大胆宣布。还有，如果他没有亲眼见到章太炎对于今文家的痛恨，就不会激发对今文家著作的好奇心，就不会搜读康有为的《孔子改制考》，就不会引起他对古史的不信任的观念。总之，倘若他不到北大来读书，或者是蔡元培不为学术界开风气，他脑髓中虽已播下了考辨古史的种子，也很可能不会发芽、开花、结果。太凑巧了，所有这一切境遇都汇集在顾颉刚身上，难怪只能是顾颉刚而不是别人提出"层累说"，写出《古史辨》。

尽管具备以上种种条件，但如果没有胡适和钱玄同这两位老师的直接引导和激发，顾颉刚"层累说"说不定就没有机会提出来，或者即便提出来，也无法产生如此广泛巨大的影响。顾颉刚晚年也回忆说，他的《古史辨》指导思想，从近的来说则是受了胡适、钱玄同两人的启发和帮助。

1917 年，二十七岁的胡适登上北大讲台，而二十五岁的顾颉刚作为他的学生，读的古书比他还多。胡适讲中国哲学史，劈头一章是"中国哲学结胎的时代"，用《诗经》作时代的说明，丢开唐虞夏商，直接从周宣王以后讲起。这一大胆举动，把顾颉刚这帮人充满三皇五帝的脑筋骤然作了一个重大的打击，"骇得一堂中舌挢而不能下"。但听了几堂课，顾颉刚听出些道理，对同学说，胡适读书虽不多，但在裁断上是足以自立的。那时，同住一室中文门的傅斯年最敢放言高论，顾颉刚便请他去听胡适讲课。结果，傅也表示满意。从此，顾颉刚对胡适非常信服，他心中上古史靠不住的观念更加坚定了。

顾颉刚北大毕业时，由好友罗家伦推荐，胡适帮忙，留校在图书馆当编目员，月薪五十元。由于月薪太少，难以养家，这让顾颉刚很为难。而此时，胡适却愿意每月出三十元，让顾颉刚在工作之余帮他编书，这正是顾求之不得的好事。顾颉刚的女儿在为其父写的传记中说，如果父亲没有得到胡适的津贴，的确很难在北京立足的，因为平时长辈所希望他的，就是大学毕业后多赚钱。可以想象，顾颉刚要是离开北京，还会有"层累说"和《古史辨》吗？

胡适对顾颉刚学术上的影响主要表现在研究方法上。顾颉刚在《古史辨》第一册自序中说，在北大数年中，胡适发表的论文很多，在这些论文中胡适时常给他以研究历史的方法，他都能深挚地了解而承受，并使他认识到最合自己性情的学问就是史学。1920 年，顾颉刚读了胡适为标点本《水浒》写的一篇长序及辩论井田的文章，认识到故事的来历和演变有许多层次，研究古史也尽可以应用研究故事的方法。这年冬天，胡适又让顾颉刚收集姚际恒的辨伪资料，并标点《古今伪书考》。这本是一本小书，一两天就能标点完，但顾颉刚求全之心太切，想把该书征引的书和涉及的人物都注释清楚。这一下手，牵涉太多，一两个月也没做完。但顾颉刚由此弄清了古今造伪和辨伪的人物事迹，他想把前人的辨伪成绩算一个总账，编辑一套《辨伪丛刊》。此时，胡适又把买到的《崔东壁遗书》借给顾颉刚看，这一看，使他更激发了推翻伪史的雄心壮志，不仅要推翻伪书中的伪史，而且还要推翻真书中的伪史。

因计划编辑《辨伪丛刊》，顾颉刚又结识了另一位对他产生重要影响的大学者——钱玄同。钱玄同是北大教师，思想进步，支持新文化运动，常在《新青年》上发表文章。钱玄同对《辨伪丛刊》表示赞同，并在辨伪问题上给顾颉刚以直接指导。顾颉刚初做辨伪工作时，专注于"伪史"和"伪书"，而钱玄同却屡屡说经书的本身和注解中也有许多应辨的地方。钱玄同还认为，辨"伪事"比辨"伪书"更重要。胡、钱、顾三人在相互交流中，不期而然的将目标集中到"伪史"上，顾颉刚预感到"伪史"的末日到了，他说："以钱胡两先生的大胆，我亦追随其间，恐怕中国伪史的命运，就要寿终在这几年了。数千年欺人的尘雾，廓清有日，不禁大快！"

1922 年春，因祖母病重，顾颉刚请长假回苏州老家，为商务印书馆编纂《中学本国史教科书》。他想把这部教科书做成一部活的历史，使读书的人确能认识全部历史的整个活动，得到真实的历史观念和研究兴趣。他把《诗经》《尚书》《论语》三书中的古史观念比较来看，却忽然发现一个大疑窦——尧、舜、禹的地位问题。禹的传说是西周就有的，尧、舜是到春秋末年才流传起来的，伏羲、神农是在战国以后出现的，也就是说"越是起得后，越是排在前面。等到有了伏羲、神农之后，尧、舜又成了晚辈，更不必说禹了"。因此，他就建立了一个假设：古史是层累地造成的，发生的次序和排列的系统恰是一个反背。一个震惊史坛的学说即将诞生。

"层累地造成的中国古史"观

1923 年 5 月 6 日，顾颉刚在《读书杂志》上发表《与钱玄同先生论古史书》一文，正式提出了"层累地造成的中国古史"观。其含义有三层：第一，时代愈后，传说的古史期愈长。周代人心目中最古的人是禹，到孔子时有尧、舜，到战国时有黄帝、神农，到秦有三皇，到汉以后有盘古等。第二，时代愈后，传说中的中心人物愈放愈大。如舜在孔子时只是一个"无为而治"的圣君，到《尧典》就成了一个"家齐而后国治"的圣人，到孟子时就成了一个孝子的模范了。第三，我们在这上，即使不能知道某一件事的真确的状况，但可以知道某一件事在传说中的最早的状况。我们即使不能知道东周时的东周史，也至少能知道战国时的东周史，我们即使不能知道夏商时的夏商史，也至少能知道东周时的夏商史。

顾颉刚的"层累说"一提出，即得到钱玄同、胡适的高度评价。钱玄同在《答顾颉刚先生书》中称赞"层累说"，真是"精当绝伦"，"举尧、舜、禹、稷及三皇、五帝、三代相承的传说为证，我看了之后，惟有欢喜赞叹，希望先生用这方法，常常考查，多多发明，廓清云雾，斩尽葛藤，使后来学子不致再被一切伪史所蒙"。胡适在《古史讨论的读后感》中也说，顾颉刚的"层累说"，"真是今日史学界的一大贡献"，"这是用历史演进的见解来观察历史上的传说"。顾颉刚的根本观念是颠扑不破的，这个根本方法是愈用愈见功效的。胡适进一步将顾颉刚的方法总括为下列方式：（1）把每一件史事的种种传说，以先后出现的次序，排列起来。（2）研究这件史事在每一个时代有什么样子的传说。（3）研究这件史事的渐渐演进，由简单变为复杂，由陋野变为雅驯，由地方的（局部的）变为全国的，由神变为人，由神话变为史事，由寓言变为事实。（4）

遇可能时，解释每一次演进的原因。胡适的概括可以说是"层累地造成的中国古史"观的使用方法说明书，告诉人们如何使用它来研究古史传说。

为了从杂乱的古史中分出信史和非信史，顾颉刚又提出了推翻非信史的四个标准：（1）打破民族出于一元的观念。我们对于古史，应当依据民族的分合为分合，寻出他们的系统的异同状况。（2）打破地域向来一统的观念。我们对于古史，应当以各时代的地域为地域，不能以战国的七国和秦的四十郡算做古代早就定局的地域。（3）打破古史人化的观念。古人对于神和人原没有界限，所谓历史差不多完全是神话。所以，我们对于古史，应当依那时人的想象和祭祀的史为史，考出一部那时的宗教史，而不要希望考出那时以前的政治史。因为，宗教是本有的事实，是真的，政治是后出的附会，是假的。（4）打破古代为黄金世界的观念。我们要懂得五帝、三皇的黄金世界原是战国后的学者造出来给君王看的，这样可不受他们的欺骗。

顾颉刚的"层累说"提出后，在得到钱玄同、胡适肯定的同时，也遭到刘掞藜、胡堇人等人的质疑和批评。其实刘胡二人对顾颉刚疑古的勇气和精神还是欣赏的，如刘掞藜就说："现在顾君却以为拿经书做标准是立脚不住的，因看古史传说的变迁，遂大大疑起尧、舜、禹的史事来，这种疑古的精神比崔述确是更进一步，也是可钦佩的。"胡堇人也说："近来国内许多有名学者对于古史都取怀疑的态度，这是我们最赞成的。"他们只是对顾颉刚的某些具体观点，如"禹为动物，出于九鼎"等提出不同意见。顾颉刚对刘胡二人的批评高兴得很，他觉得这是给予他修正自己思想和增进自己学问的一个好机会，只当做好意的商榷而不当以盛气相胜的。1926 年，顾颉刚将他与钱玄同、胡适、刘掞藜、胡堇人等人的通信汇编成一册书，再加上一篇六万余字的自序，以《古史辨》的名字出版了。

"在史学上称王了"

《古史辨》第一册出版后，立即在学术界引起了强烈的反响，学者们纷纷对此书进行评论，顾颉刚和《古史辨》一度成为学术界关注的焦点之一。正如钱穆所言："《古史辨》不胫而走天下，疑禹为虫，信与不信，交相传述。三君者（胡适、钱玄同、顾颉刚）或仰之如日星之悬中天，或畏之如洪水猛兽之泛滥纵横于四野。要之，凡识字之人几无不知三君名。"

胡适在《介绍几部新出的史学书》中说："这是中国史学界的一部革命的书，又是一部讨论史学方法的书。此书可以解放人的思想，可以指示做学问的途径，可以提倡那'深澈猛烈的真实'的精神。治历史的人，想整理国故的人，想真实做学问的人，都应该读这部有趣味的书。"至于"层累说"的意义和顾颉刚的贡献，胡适评价极高："我们可以说，颉刚的'层累地造成的中国古史'一个中心学说，已替中国史学界开了一个新纪元了。中国的古史是逐渐地、层累地堆砌起来的——譬如积薪，后来居上——这是决无可讳的事实。崔述在十八世纪的晚年，用了'考而后信'的一把大斧头，一劈就削去了几百万年的上古史。但崔述还留下了不少的古帝王，凡是'经'里有名的，他都不敢推翻。颉刚现在拿了一把更大的斧头，胆子更大了，一劈直劈到禹，把禹以前的古帝王（连尧带舜）都送上了封神台上去！连禹和后稷都不免发生了问题了。故在中国古史学上，崔述是第一次革命，顾颉刚是第二次革命，这是不需辩护的事实。"

傅斯年是顾颉刚在北大的好友，后来到欧洲留学，他对顾颉刚的成就羡慕不已。他认为："史学的中央题目，就是你'层累地造成的中国古史'，可是从你这发挥之后，大体之结构已备就，没有什么再多的根据物可找……而你这一个题目，乃是一切经传子家的总锁钥，一部中国古代方术思想史的真线索，一个周汉思想的摄镜，一个古史学的新大成。"他还把顾颉刚在学问中的地位，比作牛顿在力学、达尔文在生物学上一般，并在和朋友聊天时说："颉刚是在史学上称王了，恰被他把这个宝贝弄到手，你们无论再弄到什么宝贝，然而以他所据的地位在中央的缘故，终不能不臣于他。"

周予同在《古史辨》的读后感中也说，他读此书的确从内心里受到深切的感动，"我一年来所阅读的书籍，自第一字看到末字的，可以说绝对没有，但颉刚这部书居然成了例外。我用了我为吃饭而工作之剩余的时间，从沈君所题的封面起，一直看到附录的'顾颉刚启事'的最末行。当我阅读的时候，不仅不觉得沉闷，无聊，或者厌恶，而只是不得自已的热情的看下去"。他对这部书的态度与方法极为欣赏："原书态度之诚恳与勇敢，及方法之新颖与缜密，给我们以一种诱惑的魔力。"

即便有些学者不赞同《古史辨》的某些观点，但也不能不承认《古史辨》在疑古辨伪方面取得的成绩。郭沫若在《中国古代社会研究》一书中说："顾颉刚所编的《古史辨》第一册，最近始有朋友寄来，我因为事忙，尚没有过细的翻阅；但就我东鳞西爪的检点，我发现了好些自以为新颖的见解，却早已在书中由别人道破了。"他评价说："顾颉刚的'层累地造成的古史'，的确是个卓识。从前因为嗜好的不同，并多少夹以感情的作用，凡在《努力报》上发表的文章，差不多都不曾读过。他所提出的夏禹的问题，在前曾哄传一时，我当时耳食之余，还曾加以讥笑，到现在自己研究一番过来，觉得他的识见是有先见之明。在现在新的史料未充足之前，他的论辩自然并未能成为定论，不过在旧史料中凡作伪之点大体是被他道破了的。"

《古史辨》出版后，不仅成为史学界议论的中心话题，而且对当时青年学生的震动也很巨大。胡道静在《〈古史辨〉对一个顽固青年的冲击》一文中，详细叙述了自己在看了《古史辨》以后思想发生的巨大变化。在一个炎热的夏天晚上，他躲在蚊帐里，熬夜到天亮，将《古史辨》连序带正文读了大半，"通读了顾先生的书，就建立了他要使人相信的'古史有个变迁的过程'的概念。他劝读者'不要轻易见信'他的见解，但是现在我这个顽固的信古分子顿时受不住《古史辨》的猛烈冲击，缴械投降，相信'神农、皇帝不过是想象中的人物，《禹贡》和《山海经》都是战国时的著作'了。由于顾先生立论的基础广泛，设证坚博，又是行文平易，娓娓动听，所以一个本来难以'重言使信'的人遽尔在一夕之间改变了态度，接受了他的'层累地造成的中国古史'的观点。"

著名的社会学家费孝通在晚年的回忆中也说，当时他在东吴附中读书，读过《古史辨》这本书，"我喜欢这本书是因为他告诉我，书上的东西不要全信，看书要先看一看这书是谁写的，想一想他为什么要写这本书。那时，我正是十七八岁的小青年，思想活跃，就喜欢听这种别的书上和教室里听不到的话。头脑里还没有形成教条，敢于怀疑，很忌'有书为证'这类的话。所以《古史辨》吸引了我，提醒我不要盲目认为凡是印在书上的都是可靠的"。

《古史辨》的影响不光限于史学界，它对整个思想界的冲击也是巨大的。《古史辨》是"五四"时期思想解放潮流在史学界产生的硕果，它的出现又推动了思想解放运动的进程。自古相传的经书并不可信，古史系统很多是后来编造的，盘古、三皇、五帝、尧、舜、禹都是神话传说中的人物，这一系列惊世骇俗的观点引发了整个社会对古代文献、古代历史、古代观念的全面怀疑，其思想解放的意义不可低估。郭湛波在1935年著的《近五十年中国思想史》一书中，对以顾颉刚和《古史辨》为代表的"疑古思潮"给予很高评价，他说："中国古史，经过这次的辨伪，把四千多年的历史，只余了两千多年，古代灿烂的古史，都成了虚构、伪书的结晶品。使中国思想上、史学上起了大的变革，这是疑古派辨伪史的贡献。"

现代学者杨向奎在1981年所著的《论古史辨派》一文中也说，古史辨派是在打破权威，他们抨击了自古相传的古史系统，而这个古史系统不仅是中国古代史，也是中国道德学及伦理学史。这是中国封建社会整个上层建筑中的核心问题，对这些问题发生怀疑，也就是怀疑整个封建社会的道德学说与价值观念，从这个角度看，他们的工作是和"五四"时期反封建的伟大潮流一致的。

由顾颉刚带头编著《古史辨》，从1926年起，到1941年止，先后出版了七册，每册分量越出越大，一共汇编了三百五十篇文章，三百二十五万字，是二三十年代疑古辨伪成果的集大成。至于煌煌七册《古史辨》所得出的结论，古史辨派后期的中坚人物童书业总结说："三皇""五帝"的名称系统和史迹，大部分是后人有意或无意假造或伪传的。"皇""帝"的名号本属于天神，"三""五"的数字乃是一种幼稚的数学的范畴，"三皇""五帝"和古代哲学与神话是有密切联系的。大约盘古、天皇、地皇、泰皇（或人皇）决无其人，燧人、有巢、伏羲、神农，也至多是些社会进化的符号。至于黄帝、颛顼、帝喾、尧、舜、鲧、禹等，确实有无其人虽不可知，但他们的身上附有很多的神话，却是事实。将这些神话传说剥去，他们的真相也就所剩无几了。至于启以下的夏史，神话传说的成分也是很重，但比较接近于历史了。到商以后，才有真实的历史可考。总而言之，夏以前的古史十分之七八是与神话传说打成一片的，它的可信的成分贫薄到了极点。这个结论应该说是经受住了几十年后考古发现的挑战。

顾颉刚晚年也认为《古史辨》的时代并没有过去。这是因为《古史辨》本不曾独占一个时代，以考证方式发现新事实，推倒伪史书，自宋到清不断地在工作，《古史辨》只是承接其流而已。至于没有考出结果来，将来还得考。这一项工作既是上接千年，下推百世，又哪里说得上"过去"？也许《古史辨》的某些结论会随着研究的深入和考古的发现需要修正，但《古史辨》所体现的解放思想、怀疑权威、平等讨论、细心求证的方法和精神对学术研究具有长远的意义。

第 4 章

"建设全民众的历史"

　　顾颉刚是公认的中国现代民俗学的开创者。他在北大上学期间，就参与歌谣的收集；毕业后在北大编辑《歌谣》周刊，发表了《孟姜女故事的转变》，最先用研究历史的方法来研究故事传说的演变；参与妙峰山香会的调查，开民俗调查之先河；在中山大学发起成立民俗学会，出版《民俗学会丛书》和《民俗》周刊。凡此种种，在中国现代民俗学史上都具有倡始和示范意义。

"虽是无稽之谈，原也有它的无稽的法则"

　　顾颉刚之所以能在民俗学方面开辟出一片新天地，与他早年的家庭教育、个人爱好及时代的召唤是分不开的。他小时候经常听祖母讲"老虎外婆""目连救母"之类的民间神话传说。祖母用这些动人的故事增加了他的善心，打开了他的想象力。他的祖父也很会讲故事，把苏州城里的掌故全都给他讲遍了。

在一次次的扫墓途中，每到一地，祖父就会给他讲发生在当地的故事。他在乡下，看到了大湖、高山、树林，看到了生活在乡下的民众，在幼小的心灵中埋下了从事民俗研究的种子。

在北大读书期间，顾颉刚成了戏迷。每天上课，到第二堂课退堂时，他便利用休息的十分钟，从学校跑到东安门外看各戏院贴出的戏报，选定下午应看的戏。学校下午课本来就少，就是有课他也不请假。京剧名家谭鑫培的戏往往安排在夜间。他为了看谭老板的戏，便带着烧饼到戏院看白天的戏，戏散后就在戏院找一个适当的地方，坐下吃烧饼。待别人挤进来时，他已经有了好位子。为了解决住宿问题，他便在白天看戏之前在旅馆订下房间。有一段时间，为了买票看戏，他几乎天天以烧饼度日。

由于顾颉刚满脑子民间故事，又读了很多书，又特别爱寻根问底，因此，他在看戏中就渐渐发现很多问题。他思考以后认识到，故事是会变迁的，从史书到小说已不知改动了多少，从小说到戏剧又不知改动了多少，甲种戏与乙种戏同样写一件故事也不知道有多少点的不同。一件故事的本来面目如何，或者当时有没有这件事实，我们已不能知道了，我们只能知道在后人想象中的这件故事是如此的分歧的。他后来回忆说："我看了两年多的戏，唯一的成绩便是认识了这些故事的性质和格局，知道虽是无稽之谈，原也有它的无稽的法则。"用看故事的眼光来看历史，这正是顾颉刚能够提出"层累说"的重要原因。他的戏迷生涯，看似荒废了学业，却引发了他的"层累说"和对民俗问题的关注。得失之间，真的很难预料。

顾颉刚对民俗学的重视，还与当时的新文化运动中的整理国故及推行白话文有关。1923 年 1 月，胡适在《国学季刊发刊宣言》中说："在历史的眼光中，今日民间小儿女的歌谣，和《诗三百篇》有同等的位置；民间流传的小说，和高文典章有同等的位置。"他还主张用历史的眼光来扩大国学研究的范围，认清国学是国故学，而国故学包括一切过去的文化历史。过去种种，上自思想学术之大，下至一个字、一支山歌之细，都是历史，都属于国学研究的范围。"用历史的眼光来扩大国学研究的范围"及当时社会上"到民间去"的呼声使顾颉刚受到了启发和鼓舞，他随后便身体力行地去实践，把以前学者所不屑的民间歌谣、戏曲、故事、风俗、宗教与高文典章里经学、史学放在平等的地位，由此开始了在民俗学领域的开创性工作。

"二千五百年来一篇有价值的文章"

顾颉刚对民俗学开创性的贡献主要有三个方面：即在北京大学搜集歌谣，研究孟姜女故事的转变；参与妙峰山香会的调查，以妙峰山香会论证古代的社祀；在中山大学成立民俗学会，出版民俗刊物和丛书，带动民俗研究的风气，培养民俗研究的人才。

1917 年，北京大学征集歌谣，由刘复（半农）主持其事，每天在《北大日刊》上发表。一开始，顾颉刚只是觉得新鲜，并不曾投稿。后来，因妻子生病去世，顾颉刚极度伤心悲哀，无法学习，只得休学。在家期间，他开始从小孩口中搜集歌谣，渐渐拓展开来。搜集的结果使他知道歌谣也和小说戏剧中的故事一样会随时随地变化。同是一首歌，两人唱着便有不同。就是一个人唱的歌也许有把一首分成大同小异的两首的。有的歌因为形式的改变以致连意义也随着改变了。搜集的范围也越来越大：方言、谚语、谜语、唱本、风俗、宗教等各种材料都包括在内。他原本对于民众的东西，除戏剧之外，向来没有注意过，总以为是极简单的。到了这时，他才发现里面有复杂的情形，若不经过长期的研究不易知道清楚。这种搜集和研究，差不多全是开创的事业，无论哪条路都是新路，这使得喜欢挑战的顾颉刚在寂寞独征中激起了拓地万里的雄心。

顾颉刚从搜集到的歌谣中选出百首，编为《吴歌甲集》，在北大《歌谣》周刊上连载，1926年7月又由北大歌谣研究会印为专书出版。顾颉刚认为整理歌谣要切实做一番文字学的整理工作，因为里面实在有许多解不出的句子，写不出的文字，考不定的事实。在整理过程中，他一边与师友讨论问题，一边写《写歌杂记》，以歌谣来论证以前经师对《诗经》的误解，并将这些都收入《吴歌甲集》中。此书出版后，引起学术界的重视。胡适在序中说："颉刚收集之功，校注之勤，我们都很敬佩。他的《写歌杂记》里有许多很有趣味又很有价值的讨论，可以使我们增添不少关于《诗经》的见识。"并称赞该书是独立的吴语文学的第一部，真可说是给中国文学史开一新纪元了。刘半农在序言中也说，该书的编印是"歌谣店"开张七八年以来第一件大事，不得不大书特书。直到1981年，著名民俗学家钟敬文在《孟姜女故事论文集序》中还说："这个在'五四'新文化运动后出版比较早的、地区性的歌谣集子，有比较详细的注释、解说，和对篇中所涉及的某些问题作了理论探索。这些特点，使它不只是个一般性的歌谣资料集，而是具有较高的科学价值的歌谣学著述了。像这样比较完善的民间文学整理本，不要说在解放前，就是解放后也是不多见的。"

　　给顾颉刚带来更大声誉的是他对孟姜女故事的研究。孟姜女哭长城的故事千百年来广为流传，但很少有人专门研究孟姜女的故事是怎样转变过来的。顾颉刚在辑集郑樵的《诗说》时，在《通志乐说》中读到他论《琴操》中的一段话，得知杞梁之妻的故事是由经传中的数十言演变成万千言的。在随后点读姚际恒的《诗经通论》中又得知，在未有杞梁之妻的故事时，孟姜一名早已成为美女的通名了。这个发现，引动了顾颉刚搜辑这个故事的好奇心。令他惊奇的是，一动了这个念头，许多材料便直奔到他眼前来。他把这些材料略略整理，很自然地排出了一个变迁的线索。1924年冬，他应歌谣会之邀，写成了《孟姜女故事的转变》一文，发表在《歌谣周刊》上。顾颉刚在这篇文章中，列举了《左传》《檀弓》《孟子》《烈女传》等史籍的记载，指出：春秋时，杞梁战死，齐侯在郊外遇见其妻，向她吊唁，其妻说道："若杞梁有罪，也不必吊；倘若没有罪，他还有家咧，我不应该在郊外受你的吊。"齐侯听了她的话，就到他家里去吊唁了。到战国时，杞梁之妻便"迎其柩于路而哭之哀"了，说明她到郊外为的是迎柩，在迎柩的时候哭得很哀伤。到西汉后期，这个故事的中心又从悲歌而变为"崩城"。从此以后，大家一说到杞梁之妻，总是说她哭夫崩城，至于所崩之城不离乎齐国的附近。到了唐朝，才有杞梁之妻万里寻夫、哭倒长城之说，与秦始皇联系起来。至于孟姜一名，在《诗经》中原是周代美女的通称，直到南宋《孟子疏》中始将其作为杞梁之妻的姓名。

《孟姜女故事的转变》发表后，在学术界引起了震动。因为顾颉刚用研究历史的方法来研究向来被认为不登大雅之堂的故事传说，将这个千年传说的转变如此清晰地排列出来，使人耳目一新。当时正在巴黎留学的刘半农在给顾颉刚的信中说：此文叫我佩服得五体投地。你用第一等史学家的眼光与手段来研究这故事。这故事是二千五百年来一个有价值的故事，你那文章也是二千五百年来一篇有价值的文章。以后刘半农在《吴歌甲集序》中又说："前年颉刚做出孟姜女考证来，我就羡慕得眼睛里喷火，写信给他说，中国民俗学上的第一把交椅，给你抢去坐稳了。"顾颉刚对孟姜女的研究，得到不少人的热情支持，他们或帮助搜集有关的歌谣、唱本、宝卷、碑版等资料，或通信讨论故事的内容，一时间，孟姜女的故事成了好几十位学者共同的研究课题。顾颉刚将这些来信加上自己的见解都编为《孟姜女专号》，在《歌谣》周刊和《国门学周刊》上刊载十七期。

1926 年，顾颉刚在写《古史辨》第一册自序时，将两年搜集到的两千多年来的文献记载和遍布全国各地的民间传说、文学艺术中的有关孟姜女故事的资料，按历史的系统和地域的系统开了一篇三万字的总账，欲作为研究古史的方法旁证。因字数太多，放在序文中会把前后文隔断，后以《孟姜女故事研究》为题单独发表。通过对孟姜女故事的研究，顾颉刚认识到，一件故事虽是微小，但一样地顺随了文化中心而迁流，承受了各地的时势和风俗而改变，凭借了民众的情感和想象而发展。它之所以变成不同的面目，有的是单纯地随着说者的意念，有的是随着说者的解释故事节目的要求。从这件故事的意义上看，又能明了它的背景和当时的社会意识和心理。

顾颉刚对孟姜女故事的研究奠定了他在民俗学领域的开创性地位，其对中国现代民俗学的兴起具有开创之功和示范意义。直到 1981 年，钟敬文在《孟姜女故事论文集序》中还说，孟姜女故事的研究，使顾颉刚取得了世界声名的科学业绩。他对这个流传两千多年、分布差不多及于全国各省的民间传说，把它从纷纭复杂的形态中，整理出秩序井然的系统——历史的系统和地理的系统。他搜讨了大量文献上的记录和活在当代民间的各种文学、艺术材料。他把这种过去不为一般学者士大夫所重视的街头巷尾的口头传说，当成庄严的学术对象，用狮子搏兔的劲头去对付它，并取得炫眼的成绩。

妙峰山的香会

1925 年，北京大学研究所国学门的顾颉刚、孙伏园、容庚、容肇祖、庄严一行五人，受北京大学研究所国学门风俗调查会的嘱托，从 4 月 30 日至 5 月 2 日，对北京西郊的妙峰山庙会进行了为期三天的民俗考察。回京后，参加考察的人每人写了一篇调查报告，发表在《京报副刊》上。1928 年 9 月，这些文章和顾颉刚收集到的其他几篇讨论妙峰山进香的文章一起，以"妙峰山"为题，作为国立中山大学语言历史研究所民俗学会丛书之一结集出版。1929 年，已在中山大学任教的顾颉刚回到北京，与魏建功、白涤洲等人组织了"十八妙峰山进香调查团"，对妙峰山民俗进行了第二次有组织的考察。考察的成果后来由中山大学语言历史研究所主办的《民俗》周刊以"妙峰山进香调查专号"为题发表。这两次妙峰山进香调查开了中国民俗学社会调查之先河，在中国民俗学史上具有重要的地位。从发表的文章来看，以顾颉刚第一次调查后所写的《妙峰山的香会》最有价值。

《妙峰山的香会》一文反映了顾颉刚独到的调查与研究方法，他的方法主要是抄录各种香会的会帖，他的文章也主要是通过分析所抄录的近百张会帖写出来的。通过抄录会帖，顾颉刚统计出本年度九十九个香会的名称及其地域分布，以及各香会会费的募集方式及香会的会规、组织结构，并根据会帖及碑碣将香会分为十二大类。另外，顾颉刚也十分注意将抄录的文字材料与亲眼看到的、亲耳听到的素材加以比较。《妙峰山的香会》是中国民俗学的经典之作，直到 1996 年，吕微在《民国时期的妙峰山民俗研究》一文中还说："七十年过去了，今天重读顾颉刚的《妙峰山的香会》一文，我们依然认为：无论就方法的独特，还是就分析的缜密而言，该文都是难以企及的典范。"

顾颉刚等人之所以对妙峰山香会产生兴趣，以至于亲自前往调查，不辞辛苦地抄录各香会的会帖，这与"五四"新文化运动所提倡的"到民间去"的大背景密切相关。到民间去、了解民间文化，这正是中国民俗学产生的契机。顾颉刚在谈到他们调查所要达到的目的时说："我们应当知道民众的生活状况。从前的学问仅限于书本，现在学问的对象已是全世界的事物。学问的材料，只要是一件事物，没有不可用的，绝对没有雅俗、贵贱、贤愚、善恶、美丑、净染，等等的界限。学问上的一尊的见解应该打破。朝山进香的事，是民众生活上的一件大事。他们储蓄了一年的活动力，在春夏间作出半个月的宗教事业，发展他们的信仰、团结、社交、美术的各种能力，这真是宗教学、社会学、心理学、民俗学、美学、教育学，等等的好材料，这真是一种活泼泼的新鲜材料！"

对顾颉刚等人妙峰山香会调查的意义，学术界给予高度的评价。当时学者傅彦长认为顾颉刚调查妙峰山香会，其功在《古史辨》之上。"他不怕辛苦，亲自到民间去调查，用最热烈的同情心与最恳切的了解力来报告我们，使向来不受圣贤之徒所抬举的民众增高他们的地位，其功实在他所著的《古史辨》之上。"1936年，钟敬文曾撰文指出，十年前的妙峰山香会调查是一件惊人的学术事情。他们用科学的智慧之光，给我们显示了那一角被黑暗蒙着的民众的行为和心理。自然，严格说，他们的工作还没有做到最理想的境地，但是，我们谁能够否认它是件破天荒的工作，而且是件启发伟大的未来的工作！当代学者吕微认为，顾颉刚等人的妙峰山香会调查，有三方面的意义：第一，开辟了一个新的学术领域，把此前被人们所忽视的民俗现象纳入了科学研究的视野；第二，开创了中国民俗学田野考察的先河，而且在综合传统之国学与舶来之西学方面进行了富有价值的探索；第三，充分表达和显示了自为、独立的学术品格与学者风范，为中国民俗学的发展树立了光辉的典范。

在南国播撒民俗学的种子

1927年4月，顾颉刚应中山大学之聘，来到广州。他先是受学校委托，到江浙一带购书。10月返校后，任史学系教授兼主任，后又兼语言历史所主任和图书馆中文部主任。他在中山大学担任的课程有"中国上古史""书经研究""书目指南""文史导课""古代地理研究""春秋研究"等，编写的讲义有《中国上古史》《尚书学》等。在教学之余，顾颉刚积极从事民俗学活动，成立了一个学会，创办了三个周刊。

1927年11月1日，《国立中山大学语言历史学研究所周刊》创刊，顾颉刚在发刊辞中，高瞻远瞩地提出要认清时代，重视材料的搜集整理，用新的方法研究，达到现代的学术水平。这个刊物发行到1930年，在当时语言学和历史学界产生了重要的影响，开创了广东学术界的新风气。11月，顾颉刚与钟敬文、容肇祖等发起，在中山大学语言历史学研究所内成立民俗学会，这是中国第一个专门的民俗研究组织。他主张把搜集到的材料多刊印，使得中山大学收藏的材料成为学术界中公有的材料。这些初露的材料靠了印刷的传布是不会灭亡的，这些种子散播出去，将来也许成为长林丰草呢。

1928年3月，顾颉刚将《民间文艺》（由《歌谣周刊》改名而来）改名为《民俗》，他在发刊辞中，强调要重视农夫、工匠、商贩、兵卒、妇女、游侠、优伶、娼妓、仆婢、堕民、罪犯、小孩的生活，并高声呼喊：我们要站在民众的立场上来认识民众！我们要探查各种民众的生活、民众的欲求，来认识整个社会！我们自己就是民众，应该各个体验自己的生活！我们要把几千年埋没着的民众艺术、民众信仰、民众习惯，一层一层地发掘出来！我们要打破以圣贤为中心的历史，建设全民众的历史！这篇发刊辞充分反映了顾颉刚的民众观和历史观，被后人认为是"我国民俗学运动的一篇宣言书和动员令"。魏建功 1962 年在《〈歌谣〉四十年》一文中说："顾先生就是民俗研究的开路人。对《歌谣》说，顾先生苦心孤诣做了分蘖移植的辛勤劳动。他把从歌谣到民俗的调查整理研究工作，自北而南，由北京带到广州。中山大学出的《民俗》杂志，便是《歌谣》中断时期，他大力提倡在南方生长出来的新苗。"

顾颉刚在中山大学还主编了《民俗学会丛书》，出版书籍三十余种，顾颉刚自己编著的有《苏粤的婚丧》《妙峰山》和《孟姜女故事研究集》等，他还为《广州儿歌甲集》《民俗学问题格》《苏州风俗》《闽歌甲集》《谜史》《妙峰山琐记》等十种书写了序。

除出版民俗周刊和丛书外，1928 年 4 月，顾颉刚还与教育学研究所合办民俗学传习班。他在传习班上讲"整理传说的方法"，共讲了三次。在传习班授课的还有何思敬、庄泽思、容肇祖、钟敬文等，学员二十余人，办了三个月。他还组织团体去云南考察少数民族生活。

顾颉刚在中山大学仅一年多的时间，在教学和负责图书馆工作之余，他还编民俗刊物、设置风俗物品陈列室、出民俗丛书、办民俗传习班、组团调查少数民族生活。通过这些宣传、组织活动，搜集到大量的民俗学材料，发表了一批民俗学文章，出版了一批民俗学著作，培养了一批民俗学的人才，带动了民俗学研究的风气。他将民俗学的种子撒在南方，有力地推动了南方的民俗学运动，使民俗学渐渐成为全国性的学术活动，其对民俗学的贡献可谓大矣。

第 5 章

"在真实的学识里
寻出一条民族复兴的大道来"

1934 年 2 月，顾颉刚与谭其骧联合发起成立禹贡学会筹办处（1936 年 5 月正式成立），3 月，又出版了《禹贡》杂志。这两个看似普通的学术活动，在中国现代史学上却具有深远的意义，它标志着中国史学的一个新学科——历史地理学的诞生，顾颉刚也被公认为是历史地理学的开创者。

创办《禹贡》杂志，成立禹贡学会

顾颉刚对历史上的地理问题早有关注和研究。在大学毕业开始辩论古史时，他就对《尚书》中的《尧典》《禹贡》两篇特别注意，因为这两篇分别记载制度和地理，是上古史料的重心。1931 年，作《尧典著作时代考》。9 月，在燕京大学、北京大学开"《尚书》研究"课，讲《尧典》。他在讲义中认为《尧典》的十二州是缘于汉武帝时的制度，而燕大研究院学生谭其骧对此有不同意见，两人展开了讨论，在讨论中，顾颉刚认识到了解古代地理知识的重要性。1932年，他又在燕大、北大开设"中国古代地理沿革史"课，讲《禹贡》。他认为，九州和十二州，四岳与五岳，都是中国地理史上的极重大而极繁复的问题，这些问题又是互相关联的。他还将两校同学有关的札记、论文编入讲义，自己也作文研究。1933年，他发表《州与岳的演变》一文，在文章的最后他写道："以上诸章所以能在讲义里发表，完全由于北大同学王树民、杨向奎二君，燕大同学谭其骧、翁独健二君和我讨论这问题，使我不得不发表这些意见之故，我敬谢谢他们的激励的好意。"

正是在上课和讨论中，顾颉刚发现有些学生的笔记、论文堪称佳作，但因没有机会发表，不能互相交流，非常可惜。此后不久，谭其骧从燕大研究院毕业，任职于北平图书馆，并在辅仁大学开"中国地理沿革史"课，学生中也有能做研究的。1934年2月，顾颉刚与谭其骧商议，联合燕大、北大、辅仁三校学生，创办一份刊物，把大家看到的材料，研究的问题刊登出来，相互交流，并欢迎外面的投稿。于是他们就决定出版《禹贡》半月刊，随即组织禹贡学会。他们之所以以《禹贡》命名，是因为《禹贡》是中国地理沿革的第一篇文字，可以最简单而清楚地表现他们工作的意义。

1934年3月1日，《禹贡》半月刊第一期出版，顾颉刚在与谭其骧合写的《发刊辞》中，对创办刊物的目的和意义、具体的研究计划和方法都有详细的说明。他们认为历史是记载人类社会过去的活动的，而人类社会的活动无一不在大地之上，所以尤其密切的是地理。历史好比演剧，地理就是舞台；如果找不到舞台，哪里看得到戏剧！所以不明白地理的人是无由了解历史的。《发刊辞》还结合当时中国的形势谈到研究地理的现实意义："这数十年中，我们受帝国主义者的压迫真够受了，因此，民族意识激发得非常高。在这种意识之下，大家希望有一部《中国通史》出来，好看看我们民族的成分究竟怎样，到底有哪些地方是应当归我们的。但这件工作的困难实在远出于一般人的想象。民族与地理是不可分割的两件事，我们的地理学既不发达，民族史的研究又怎样可以取得根据呢？不必说别的，试看我们的东邻蓄意侵略我们，造了'本部'一名来称呼我们的十八省，暗示我们边陲之地不是原有的。我们这群傻子居然承受了他们的麻醉，任何地理教科书上都这样的叫起来了，这不是我们的耻辱？"

在《发刊辞》中，顾颉刚将具体的工作计划列为五项：一是编撰可以供给一般史学者阅读的中国地理沿革史；二是绘制若干种详备精确而又合用的地理沿革图；三是编成一部可用、够用，又精确详备的中国历史地名辞典；四是完成清人未竟之业，把每一代的地理志都加一番详密的整理；五是把地理书籍中的各种文化史料辑录出来，做各种专题的研究。

至于研究方法，顾颉刚认为，一方面要恢复清代学者治《禹贡》《汉志》《水经》等书的刻苦耐劳而严谨的精神，一方面要利用今日更进步的科学方法，以求博得广大的效果。在治学态度上，更倡导解放思想、埋头苦干、平等讨论，"既不承认别人有绝对之是，也不承认自己有绝对之是"。"我们不希望出来几个天才，把所有的问题都解决了，而只希望能聚集若干肯做苦工的人，穷年累月去钻研，用平凡的力量，合作的精神，造成伟大的事业。"

顾颉刚、谭其骧合写的这篇《发刊辞》是历史地理学诞生的宣言书，从中可以看出顾颉刚倡导历史地理研究的学术价值和现实意义。在《禹贡》半月刊三周年的《纪念辞》中，他更明确表示：希望在真实的学识里寻出一条民族复兴的大道来，使得荒塞的边疆日益受本国人的认识和开发，杜绝了外国的觊觎，把我们祖先努力开发的土地算一个总账，合法地承受这份我们国民应当享有的遗产，永不忘记在邻邦暴力压迫或欺骗分化下所被夺的是自己的家业。使得国内各个民族领会大家可合而不可离的历史背景和时代使命，团结为一个最坚强的民族。

《禹贡》半月刊自 1933 年创办到 1937 年，共出版了七卷，八十二期，发表文章七百多篇。创刊之初，每期文字仅两三万，到 1937 年创刊三周年时，已增至每期十四万字。发表的文章大致可分八类：（1）春秋、战国、秦汉至明清各代的地理及民族；（2）边疆史地；（3）国内民族；（4）中外交通；（5）方志学；（6）地图编制法；（7）地方小记、游记、书评、目录；（8）传记、通论、杂类。在这八十二期中，《禹贡》还结集对某一问题的研究，编成专号，共有十一种，分别是：（1）利玛窦地图专号；（2）西北研究专号；（3）回教与回族专号；（4）东北研究专号；（5）后套水利调查专号；（6）南洋研究专号；（7）康藏专号；（8）本会成立三周年纪念专号；（9）回教专号；（10）古代地理专号；（11）察绥专号。由此可见，《禹贡》刊载的文章并不限于古代地理沿革，还包含边疆地理、民族地理、民族史、中外关系史等多方面的内容。

顾颉刚为《禹贡》的创办和发展作出了巨大的贡献。他是

《禹贡》杂志的创办人之一。一开始，办刊所需经费大部分由他和谭其骧每月分别承担，另外小部分由会员所交会费维持。由于经费紧张，顾颉刚不得不向各处求援。1935 年 9 月，他在给胡适的信中就谈到禹贡学会和刊物所面临的困难，希望得到帮助："我希望不大，只望每月有二百元的津贴。其他三百元我和我的朋友、学生自有募集的办法。不知先生此次到南京，能和子民在君诸先生商量，在中央研究院请求补助否？如中央研究院不成，有无别种方法可想？"从以后的情况来看，胡适未能给予帮助。随后，他又请求教育部津贴，然所得仅一次性津贴三百元。10 月，他又向傅斯年求援，信中说："刊物经费本由会员凑集，我在北大薪也全捐在里面。现在范围扩大，便不够用。加以雇工绘地图，每月需费百元，连同印费便需二百元。我一个人的力量，无论如何担负不了。本年燕大休假，本可多读些书，或写几篇长文，只为受经济的压迫，不得不把身子典给北平研究院了！"为此，他一年中所负债务达四千元。

《禹贡》上发表的文章，除向史学界约稿外，大部分则为北大、燕大、辅仁三校历史系的学生的习作。这些习作都要经过主编顾颉刚及谭其骧、冯家昇的审阅和修改。凡是略有可取之处，都尽可能修改后发表，有些文章改得面目全非但仍用原作者的姓名发表。顾颉刚就是想通过这个办法来奖掖后进，使更多的学生常能在刊物上露名，在学术界产生影响。据侯仁之回忆说，他在上顾先生的"中国古代地理沿革史"课时，分到了一个题目，写好后按期交卷，至于是否能够发表，却没有什么信心。出乎他意料的是，这篇文章很快就在《禹贡》半月刊上登载了。尤其使他惊异的是这篇文章的绪论和结语，都经过了顾老师的修改、补充和润饰，竟使他难以辨认是自己的写作了。这件事大大激励了他，他决心去钻研古籍，就是从这时开始的。

1936年5月，禹贡学会正式成立。在成立大会上选举第一届会员，顾颉刚当选为理事，其他理事还有钱穆、冯家昇、谭其骧、唐兰、王庸、徐炳昶等。8月，顾颉刚又任理事长。此时，会员已发展到四百多人，其中有不少有成就的学者。由于得到中英庚款董事会的资助，禹贡学会得以聘请冯家昇、张维华、白寿彝、赵泉澄、韩儒林、史念海等为专业研究员。学会在出版《禹贡》的同时，还由吴丰培、顾廷龙主编《边疆丛书》，到"七七"事变时，已出版《西域遗闻》《哈密志》等六七种。学会还出版游记丛书五种，地图多种。在《禹贡》创办三周年之际，顾颉刚在《纪念辞》中总结说："我们这个团体虽到今只有短短的历史，然而各方面的人才已渐渐合拢来了：起先只是数十个大学师生在图书馆里钻研旧籍，现在呢，许多专家带了他们的实际调查到我们这里来了。"这班"同声相应，同气相求"的人们，"不但为本刊开辟了许多新园地，并给予我国学术史上一种新生命"。

重视实地考察，用心培养人才

顾颉刚在从事历史地理学的教学和研究中，非常重视实地考察。1934年夏，他与燕大同仁冰心夫妇及郑振铎、雷洁琼、容庚等到绥远参观，了解到当地人讲王同春开发河套的故事，十分敬佩，以后在《禹贡》杂志中多次刊文宣传。当他得知日本觊觎西北已久，察哈尔、绥远有可能变成第二个东北时，非常焦虑，为了唤起国人对边疆问题的注意，他便在《禹贡》上讨论边疆问题、民族问题。他还多次带领学生外出实地考察，在考察中引导学生将文献资料和历史遗迹结合起来进行研究。据著名历史地理学家侯仁之回忆，在 1936 年 8 月到 1937 年 7 月间，他作为助教协助顾颉刚开设"古迹古物调查实习"课。按规定，每两星期就要利用周末的时间进行一次现场实习，主要是在北平城内和郊外，有时还利用假期较长的时间到外地。侯仁之当时的主要任务就是在每次确定调查目标后，由顾颉刚向他提供一些资料，再加上他自己的搜集，先写一篇简要的介绍书，在出发前发给学生，作为现场调查的参考。这对侯仁之来说是一个极好的锻炼，他格外留心资料记载和实迹实物之间的差异，从中发现了不少问题，认识到现场考察的重要性。顾颉刚有一次还带领全班同学，利用一个假期较长的时间，乘火车前往宣化和张家口进行了一次长途的调查实习。侯仁之在张家口长城考察时，发现明代后期沿长城开设的"马市"遗址。他根据这次考察所得，写成了一篇《明代宣大山西三镇马市考》的论文，发表在《燕大学报》上，这是他第一次把一处古代遗址的研究扩大到一个地区，从而进一步认识到历史遗址应该得到充分重视的意义。从侯仁之的经历中，我们可以看出顾颉刚带领学生进行实地考察对历史地理研究和人才培养的重要性。

抗战全面爆发后，顾颉刚辗转于西北、西南各地，但他并没有放弃对历史地理的研究，特别是对边疆问题的关注。1938年，他在昆明《益世报》创办《边疆》周刊。1939 年，他在昆明写作《浪口村随笔》，其中第一卷就是地理类二十则。1941 年 3 月，中国边疆学会成立，他任理事长，后该会与重庆等地边疆会合并，他任总会副理事长。1943 年，与人合办中国史地图表编纂社，任社长。1944 年，在复旦大学史地系教"历史地理"课，在齐鲁大学教"中国地理沿革史"课。1945 年，在复旦大学教"历史地理"课。

顾颉刚的历史地理学研究始于 1931 年，在 1934 年组织禹贡学会后达到高潮。当时，他发行刊物，旅行考察，主持讲习，撰述论文，出钱出力，如醉如痴。这股活力一直维持到 1938 年秋天。那年秋天，转进西南之后，由于时局环境所迫，这条学术生命即开始走下坡。抗战结束后，他很快结束了这个领域的学术活动。待 1949 年发表《西北考察日记》《上游集》《浪口村随笔》后，他就完全退出了这个学术领域。

顾颉刚在历史地理学方面的卓越成就和开创性贡献，一直受到学术界的高度评价，他在培养人才和树立风气方面的苦心和努力更令人称道。著名学者韩儒林在回忆中说，顾先生对于学会各位青年学人的关怀和鼓励是令人难以忘怀的。对于一些经济困难又好学上进的青年学生，顾先生特意设法为其安排抄写禹贡学会的资料文献工作，使其能免失学之虑，得以坚持史地研究。正是在顾颉刚先生的支持和鼓励下，一批史学新辈团结在《禹贡》周围，渐渐成熟起来。当时学会中人彼此切磋砥砺，互相鼓励，体现了一股新风气。这样一大批人才，会聚在一起，在中国现代史学史上堪称盛事。由于顾颉刚等人的大力倡导和不懈努力，历史地理学由历史学的末节而一跃成为大宗，许多禹贡学会的成员后来也成为著名的历史学家。

第 6 章

"你的方法就是达尔文的方法"

　　香港学者许冠三在《新史学九十年》中,将新史学诸大家分为考证学派、方法学派、史料学派、史观学派、史建学派,其中方法学派只选择胡适和顾颉刚两人。这种分类确有其独到之处,顾颉刚之所以能在中国现代史学界取得如此大的成绩、产生如此大的影响,他独特的研究方法是至关重要的。

　　综合起来看,顾颉刚一生治学的方法主要有历史演进法,以故事的眼光和角色来研究历史;伪史移植利用法,多所见闻,以证古史;等等。他的这些研究方法有些是从前代学者中继承而来的,有些是得益于钱玄同、胡适等老师的直接指导,有些是自己不断探索实践的结果。他对这些方法的熟练运用不仅成就了自己辉煌的古史研究,也极大地丰富了中国现代史学的研究方法。

历史演进法

　　历史演进法是顾颉刚最主要的研究方法,他之所以能提出

"层累说"和辨别古史真伪的四项标准就得益于这种方法。这种方法就是在进化观念的指导下，运用考据方法对古书、古文献等历史资料进行研究的方法。以往的人们没有历史进化的观念，看不到历史是发展变化的，研究古史的学者，直接从古书的记载上整理古史。特别是他们相信"经书即信史"的教条，把经书上的记载都看做是可靠的古史。而顾颉刚的历史演进法，就是从历史进化的观念出发，以弄清史实在传说中最早的状况为目的，注意考察每一件史事在传说中的经历。这种方法的核心正如他自己所言："我们要辨明古史，看史迹的整理还轻，而看传说的经历却重。凡是一件史事，应当看它最先是怎样的，以后逐步逐步的变迁是怎样的。"

　　顾颉刚的历史演进法直接来自胡适。胡适所用的"历史的方法"，也即"发生的方法"，就特别注意对一件事发生的原因、经过和结果的考察。顾颉刚在《古史辨》第一册自序中说，在北大上学及刚毕业那几年，胡适发表的论文很多，在这些论文中他时常给我以研究历史的方法，我都能深挚地了解而承受。而对顾颉刚的历史演进法做最清晰概括的仍是胡适。他在《古史讨论的读后感》一文中说，顾先生的"层累说"可以叫作"剥皮主义"，譬如剥笋，剥进去方才有笋可吃。这个见解起于崔述，但崔述剥古史的皮，仅剥到"经"为止，还不算彻底。顾先生还有进一步，不但剥得更深，并且还要研究那一层一层的皮是怎样堆砌起来的。顾先生的见解重在每一种传说的"经历"与演进，这是用历史演进的见解来观察历史上的传说。他将顾颉刚的方法概括为以下方式：（1）把每一件史事的种种传说，以先后出现的次序，排列起来。（2）研究这件史事在每一个时代有什么样子的传说。（3）研究这件史事的渐渐演进，由简单变为复杂，由陋野变为雅驯，由地方的（局部的）变为全国的，由神变为人，由神话变为史事，由寓言变为事实。（4）遇可能时，解释每一次演进的原因。这是对顾颉刚的历史演进法最准确的解释。

顾颉刚在《古史辨》第一册自序中对自己如何运用历史演进法研究古史的经过有详细的说明。他在读康有为的《孔子改制考》第一篇之后，经过了五六年的酝酿，有了推翻古史的明确意识和计划。计划是分三项事情去做：第一，要一件一件地去考伪史中的事实是从哪里起来的，又是怎样变迁的。第二，要一件一件地去考伪史中的事实，这人怎样说，那人又怎样说，把他们的话条列出来，比较看着，同审官司一样，使得他们的谎话无可逃遁。第三，造伪的人虽彼此说得不同，但终有他们共同遵守的方式，正如戏中的故事虽各个不同，但戏的规律却是一致的，我们也可以寻出他们的造伪的义例来。他还将古书目排列成几个表：一个是依了从前人的方法编排史目，看书上说的什么时代就放在什么时代；一个是依了我们现在的眼光编排史目，看它们在什么时代起来的就放在什么时代。这两个表看似平常，但比较看时，便立刻显出冲突的剧烈和渐次增高的可惊了。这使他认识到，以前人看古史是平面的，无论在哪个时候发生的故事，他们总一例看待，所以会愈积愈多；现在我们看古史是垂线的，起初一条线，后来分成几条，更后又分成若干条，高低错落，累累如贯珠垂旒，只要细心看去就分得出清楚的层次。这其实就是有无历史演进的观点所观察古史得出的不同结论。

历史演进法实质上就是史学研究中的进化论。胡适最先把进化论引入学术研究，顾颉刚后来居上，用这一方法在古史研究中开创了新局面。傅斯年在当时把顾颉刚在史学中的地位比作达尔文在生物学一般，正说明顾颉刚把进化论用于古史研究所取得的成绩如同达尔文把进化论用于生物学所取得的成绩一样。1948 年 6 月，顾颉刚应兰州大学校长辛树帜之邀赴兰州大学任教。辛树帜是生物学家，但他对顾颉刚的研究方法有深刻的认识，他曾对顾颉刚说："你的方法就是达尔文的方法。达尔文研究了一生生物学，知道生物会随时随地地变，你现在也是把古史随时随地的变态理了出来，这成绩太大了。"

以研究故事的眼光和方法去研究历史

顾颉刚的历史演进法虽来自胡适，但在具体运用上，他有继承，也有创新。正如许冠三所言，胡顾的根本差异在于：胡适以研究历史的眼光和方法去研究故事；顾颉刚则反其道而行之，以研究故事的眼光和方法去研究历史。其次，胡适的根基在版本源流；而顾颉刚的大本在故事的演变和角色塑造。这就涉及顾颉刚另一个更具特色的研究方法，即以研究故事的眼光和方法去研究历史。

顾颉刚能用研究故事的方法和角度去研究历史，这与他酷爱看戏和关注民俗有直接的关系。他小时候在家乡接受过民俗的熏陶，在北大读书期间更成了戏迷。看戏似在荒废学业，然而他竟意外得到了学问上的收获。他在《古史辨》第一册自序中对此有详细的说明。他在戏剧的"乱"和"妄"中，经过深思，知道故事是会变迁的，从史书到小说已不知改动了多少（例如诸葛亮不斩马谡而小说中有挥泪斩马谡的事，杨继业绝食而死而小说中有撞死李陵碑的事），从小说到戏剧又不知改动了多少，甲种戏与乙种戏同样写一件故事也不知道有多少点的不同。一件故事的本来面目如何，或者当时有没有这件事实，我们已不能知道了，我们只能知道在后人想象中的这件事是如此的分歧的。

1920 年，顾颉刚读到了胡适为标点本《水浒》写的一篇长序，知道了一部小说的著作和版本的问题会这样复杂，它所本的故事的来历和演变又有许多的层次。自从有了这个暗示，他更回想起以前做戏迷时所受的教训，觉得用了这样的方法可以讨究的故事真不知道有多少。例如"蝴蝶梦"，它的来历是《庄子》上的"庄子妻死，鼓盆而歌"，这原是他的旷达，何以后来竟变成了庄子诈死，化了楚王孙去引诱他的妻子的心，以致田氏演出劈棺的恶剧来呢？又如"桑园会"，《烈女传》上原说秋胡久宦初归，路上不认识他的妻，献金求合，其妻羞其行，投水而死，何以到了戏剧中就变成了秋胡明知采桑妇是自己的妻，却有意要试她的心而加以调戏，后来他屈膝求恕，她就一笑而团圆呢？这些故事的转变，都有它的层次，绝不是一朝一夕之故。同时，他又想起胡适发表的辩论井田的文字，其方法正和《水浒》的考证一样，于是他认为研究古史也尽可以应用研究故事的方法。

至于角色的眼光同样与戏剧有关。如戏中人的好坏是最容易知道的，因为只要看他们的脸和鼻子就行了，然而实际上要把自己的亲戚朋友分出好坏来便极困难，因为一个人决不会全好或全坏。只有从古书中分别好人坏人却和看戏一样地容易，因为它是处处从好坏上着眼描写的。它把世界上的人物统分成几个格式，因此只看见人的格式而看不见人的个性。它虽没有开生净丑的脸相，但自有生净丑的类别。我们只要用了角色的眼光去看古史中的人物，便可以明白尧舜们和桀纣们所以成了两极端的品行、作出两极端的行为的缘故，也就可以领略他们所受的颂誉和诋毁的积累的层次。他以商纣王为例来论证，把《尚书》中纣的罪恶列出，便可看出其最大的罪名是酗酒，因而不理朝政，导致国家灭亡。这至多是庸人的愚昧，并没有奇怪的暴虐。然而以后各代不断增加他的罪状，以至成了《封神榜》中这般的暴君。正因为他所处的"身死国亡"的恶劣地位，则他成为一个罪恶所归的偶像。由此可见，古代的史实无异于现代的传说，把天下的暴虐归于纣与把天下的尖刻归于徐文长是一样的。

顾颉刚用研究故事的方法和角度来研究历史最成功的范例当属《孟姜女故事的转变》。通过对孟姜女故事的研究，他认识到，一件故事虽是微小，但一样地顺随了文化中心而迁流，承受了各地的时势和风俗而改变，凭借了民众的情感和想象而发展。它之所以变成不同的面目，有的是单纯地随着说者的意念，有的是随着说者的解释故事节目的要求。从这件故事的意义上看，又能明了它的背景和替它立出主张的各种社会。

顾颉刚的历史演进法和以研究故事的眼光和方法去研究历史，在实际运用中是相通的、交互的，或者说后者是前者的变种，是民俗学对古史考辨方法的补充。这两种方法都强调用进化的观念来研究古史在传说中变化的经历，其核心是"我们要辨明古史，看史迹的整理还轻，而看传说的经历却重。凡是一件史事，应当看它最先是怎样的，以后逐步逐步的变迁是怎样的"。用这种方法研究古史，重点不在于真正弄清古史的真相，因为材料缺乏，也许有些真相永远弄不清楚，而在于揭穿旧古史系统中的"造假"工程，破除人们对"经书即史书"的迷信，弄清古史在传说中是如何演变的，不同的时代古史的面貌又发生了哪些变化，正所谓"我们即使不能知道东周时的东周史，也至少能知道战国时的东周史，我们即使不能知道夏商时的夏商史，也至少能知道东周时的夏商史"。在文献记载缺乏且不可靠，考古学也不发达，难以提供实物材料的情况下，应该说这是一种独特有效的方法，解决了许多古史研究中的问题，超越了前人。

伪史移植利用法

顾颉刚在考辨古史中的另一个方法是伪史移植利用法。考辨古史自然以古书为基本材料，这就遇到一个问题，那就是很多古书所记载的材料是后人附加上去的，不能作为当时史实的真实记录，这样的材料一般称为"伪材料"。如何处置这些"伪材料"，是古史考辨中不能回避的问题。在顾颉刚看来，许多伪材料，置之于所伪的时代固不合，但置之于伪作的时代仍是绝好的史料，我们得了这些史料，便可了解那个时代的思想和学术。他举例说，《易传》放在孔子时代自然错误，我们自然称它为伪材料，但放在汉初就可见出那时人对《周易》的见解及其对古史的观念了。又如《诗三百篇》，齐、鲁、韩、毛四家把它讲得完全失去了原样：本是民间的抒情诗成了这篇美后妃，那篇刺某王，甚至城隅幽会的淫诗也说成了女史彤管的大法，在《诗经》的本身上当然毫无价值；可是我们要知道《诗三百篇》成为经典时被一般经师穿上了哪样的服装，他们为什么要把那些不合适的服装给它穿上，那么，四家诗的胡说便是极好的汉代伦理史料和学术史料。荒谬如谶纬，我们只要善于使用，正是最宝贵的汉代宗教史料。逞口而谈古事的诸子，我们只要善于使用，正是最宝贵的战国社会史料和思想史料。因此，他强调："伪史的出现，即是真史的反映。我们破坏它，并不是要把它销毁，只是把它的时代移后，使它脱离了所托的时代而与出现的时代相应而已。实在，这与其说是破坏，不如称为'移植'的适宜。一般人以为伪的材料便可不要，这未免缺乏了历史的观念。"

多所见闻，以证古史

顾颉刚考辨古史是以古书作为基本材料，但它并不是纯粹的书斋型的学者，而是善于将书本记载与实际考察所得相结合，这就形成了他的又一个研究方法，即"多所见闻，以证古史"。这种方法的产生首先与他早年从事的民俗学研究有关。因为当时民俗学刚刚兴起，没有多少现成的书籍可以参考，必须靠亲自调查才能获得。他于1925年和1929年两次进行妙峰山进香调查，开民俗学实地调查之先河，获得了大量的第一手鲜活资料，据此写出的文章和著作在民俗学研究中具有典范意义。20世纪30年代以后，顾颉刚有更多的机会走出书斋对古物进行考察，抗战爆发后，他更是辗转西北、西南，得以接触大量的古物和当地的风土人情、民族习惯。他将经历中的所见所闻与古史记载相印证，获得了不少新证据，提出了不少新见解，这在《浪口村随笔》及后来修订的《史林杂识初编》中都有大量的记载。他用藏族、白族等民族的招赘习俗，证明古代赘婿实与奴隶无异；用傣族、苗族等民族的丢包习俗，说明内地抛彩球择婿之风的由来；以蒙古族、藏族的服饰作为实例来考证"披发左衽"。此外，他还指出"傻瓜"一词得名于"瓜州之戎"；"吹牛""拍马"为西北方言；以黄河、柳江上的连舟搭桥解释古代的"造舟为梁"。总之，无论是边疆少数民族保存的文化习俗，还是残留于内地偏僻地区的民俗学资料，他都拿来与古史印证。甚至连多年前看过的一场戏剧，听到的某句方言，也能随手拈来，用以证史。

顾颉刚一生喜欢游历，早年在家乡跟随祖父下乡扫墓，得以了解当地风俗，壮年以后，足迹遍及北平、上海、厦门、广州、河北、河南、陕西、甘肃、云南、四川等诸省市，这些广泛的阅历为他提供了"多所见闻，以证古史"的机会。直到晚年，他自己虽行动不便，但游历考察之心未泯，并寄希望于年轻人。1978年，他在一封致青年学者的信中说："我一生性极好游，足力又健，日可行百里，故能多所见闻，用以证明古代史事。惟一生为教学牵制，不得长时间作调查。自到北京，受职于科学院，开会太多，亦未能遂远游之愿。足下正在壮年，又居边省，希望他日大有成就，为古史界开辟一新园地。"由此可见，他到晚年仍相信这一方法能为古史研究开辟新途径。

创新与沉潜

顾颉刚在古史研究的具体研究中，他还有一些更具体的方法。刘起釪是顾颉刚的学生和助手，跟随顾颉刚几十年，他在《永不能忘的春风化雨》一文中，根据自己的切身感受，对顾颉刚的治学方法作了详细的介绍：

第一，强调发现问题是做学问的先决条件，不能发现问题就不能做学问。

第二，要有创见，勇于从传统学术观点中解放出来，敢于不相信旧的权威、旧的偶像。

第三，在具体研究中，取材要渊博，观察要深刻。辛树帜评价顾颉刚说："顾先生识高于才，才高于学，而又学冠群伦。"刘起釪解释道，所谓学，就是指他的渊博，指他掌握学术资料之富。所谓才，就是指他驾驭这些丰富资料的方法，除善用细密手腕钩稽其异同外，尤善对一个个小的问题的材料进行十分精深的研究，再综合起来运用所谓历史演进的观点把它们按历史发展的先后进行处理，用以解决总的问题。至于高于学与才的识，更是顾先生突出的本领，就是他所说的"能在别人不注意的地方注意，在别人不审量的地方审量"。再加上不停不歇地想，一旦融会贯通，就提出了特殊的识力。他在学术上能提出那么卓越的惊人的学说，开启中国史学划时代的研究，建立一个影响深远的大的学派，完全是由他特殊的识力而来的。

第四，敏于取材，融会贯通，参验耳目闻见，以求实证。由于他经常发现许多问题，随时抓住问题，脑子里对这些问题十分敏感。每当所发现的问题未获解决以前，常陷于寝食难安、闷不可耐的境地，因此就经常不停不歇地想，在偶遇到一点材料时就不会轻易放过。这就促成他即使是日常耳闻目睹的平常东西，也能随处触发联想，加以融会贯通，解决学术上的问题。

第五，在治学和撰述时，强调严谨、认真、一丝不苟。在运用资料的精粗、真伪、先后上，以及资料出处的核实上，一点儿也马虎不得。撰写时一定要把自己的立意讲完整、讲深、讲透。他每写一篇文章，必须反复推敲，反复修改，没有一部稿子是一次写定交印的。

顾颉刚的另一位学生和助手王煦华在《抗战期间的顾颉刚》一文中还介绍了顾颉刚对创新和沉潜的看法。1940 年，顾颉刚为了让学生得到治学的门径，诱导学生从事科学研究，创办了《责善》半月刊。他在《发刊辞》中，强调创新是推动学术进步的动力："治学之道不贵因而贵创。苟惟循常蹈故而已，是将历百世而无尺寸之进也。何以能创？必发于精思。何以构思？必基于物证。何以得证？必赖乎善索。"而"善索"则有赖于沉潜的功夫。他接着系统地说明了治学沉潜的步骤和方法："所谓沉潜者维何？深思所学，虽纤介不敢忽焉，一也。思而得闻，写为札记，试立假设，集材料以证成之，二也。有对我树异义者，函商面议，不厌其烦，三也。学有进益，便当从善如流，不护前短，四也。所积既多，豁然贯通，然后敷以系统，勒为专著，善则奠后生进学之基，不善则待来哲绳纠之至，五也。质辞言之，则初由材料以发生问题，次由问题以寻求材料，而即由新得之材料以断决问题，且再发生他问题，二者循环无端，交互激发，遂得鞭辟入里，物无遁形，如斯而已。""善索"和"沉潜"最终要落在"精思"和"勤奋"上。"夫天壤之间，问题何限，匪精思则不得，材料靡尽，匪勤勒则不来。所贵乎学者，即以穷年累月之研究，期对于某事某物有正确之认识已耳。"

第 7 章

"愈驳得猛厉，我愈感谢"

顾颉刚是在同胡适、钱玄同的通信讨论中提出"层累说"，并在与刘掞藜、胡堇人等人的争论中不断深化的。从此以后，顾颉刚始终坚持"知出于争"的原则，无论在态度上，还是在实践中，都真心诚意地欢迎别人的批评、反驳和争论。在论辩中，他或坚持己见，据理力争，或从善如流，勇于修正，表现出一位伟大学者以学术为天下公器的胸襟和气魄。

"多辩论一回，总可多少得些成绩"

1923 年，顾颉刚在《读书杂志》上发表《与钱玄同先生论古史书》，提出"层累说"，并怀疑"禹或是九鼎上铸的一种动物"。此说一出，如巨石投水，激起千层浪。胡适、钱玄同对"层累说"极表赞同，而刘掞藜、胡堇人、柳诒征则抓住"大禹是条虫"这一假说极力反驳。顾颉刚受此激励，接连写了《答刘胡两先生书》和《讨论古史答刘胡二先生》两文。在

第一篇文章中，顾颉刚又提出了推翻非信史的四项标准，即打破民族出于一元的观念、打破地域向来一统的观念、打破古史人化的观念、打破古代为黄金世界的观念。正是有了这四项标准，"层累说"才更加圆满和合理。在第二篇文章中，顾颉刚围绕"禹是否有天性？""禹与夏有没有关系？""禹的来源？""尧舜禹的关系是如何来的？"等问题，将讨论进一步深入，并引发了对夏以前历史的全面探讨。顾颉刚的这两篇文章是对"层累说"的重要补充和完善，并提出了新的问题。之后，刘掞藜又写了《讨论古史再质顾先生》一文，与顾颉刚再辩论。

顾颉刚对刘胡二人的反驳极为高兴，在《读书杂志》上公开发表启示表示感谢："读刘掞藜先生'再质'一文，使我非常欣喜。我久要寻觅这样一个伴侣而不可得，现在竟得到了！中国古史全是一篇糊涂账。两千余年来随口编造，其中不知有多少罅漏，可以看得出它是假造的。但经过了两千余年的编造，能够成立一个系统，自然随处也有它的自卫的理由。现在我尽寻它的罅漏，刘先生尽寻它的自卫的理由，这是一件很好的事。即使不能遽得结论，但经过了长时间的讨论，至少可以指出一个公认的信信和疑疑的限度来，这是无疑的。多辩论一回，总可多少得些成绩，这也是无疑的。所以我们应该各照着自己的信仰，向前走去，看到底可以走到多么远才歇脚。实在像这样大的一个问题，便是牺牲了几个人的一生的精力，也是值得的。不知刘先生肯应我否？我现在仍依了上次的主意，把我对于古史的怀疑之点详细说了，把我对于古史成立的程叙的假定立起来了，然后再做别的事。刘先生'再质'一文，只得等我这文发表完了之后，再行回答，请鉴原！在我这文陆续发表的时候，仍希望刘先生陆续辩驳，愈驳得猛厉，我愈感谢。"

顾颉刚的这篇启示，充分表明了他对古史辩论的态度。此后几十年，他一直坚持"知出于争"的原则，希望在不断的辩论中廓清古史的迷雾，发现古史的真相。由他带头编辑的《古史辨》，煌煌七巨册，收录的都是辩论的文章，其中有很多文章与编者观点不同，或直接批驳编者的观点，顾颉刚及其古史辨派同仁，均照录不误。对自己的论敌，顾颉刚极为尊重。1935 年，他的古史辩论敌刘掞藜不幸去世，他难过数日。第二年，他在为刘掞藜的文章写的前言中说："这样一个在贫穷中奋斗，在疾病中支撑的有志之士，哪知只活得三十三岁！老天爷只让优游无为的人去享长寿，真把时间和饭食靡费得太过分了！我们二人，大家知道是辩论古史的论敌，但天下惟有对于有人格的敌人才有真实的钦慕。我们虽从没有见过面，但颉刚等发起的朴社，刘先生就是一个社员。五六年前，我们通过几次信，后来我因事忙，他又多病，音信遂尔断绝。但信虽不通，每逢河南、湖南、四川来的朋友，我总要探听他的行踪……我想我们总会有握手的一天，我想将来我们该再来打古史的官司，直到把我们心头的问题打出一个结果为止，哪知道到了现在只断定是一个虚愿呢！"顾颉刚为论敌的去世感到伤心，不仅仅是因为论敌的不幸遭遇，更是因为少了一个与他打古史官司、逼他不断深刻完善的诤友。他把论敌的批评和反驳视为自己学术进步的契机和推动力。只有真正以学术为天下公器，真正以追求真理为目标的学者才能做到这一点。

钱穆是在顾颉刚的引荐下一举成名的，可成名后的钱穆一直是顾颉刚及古史辨派学术上的劲敌。顾颉刚对此并不介意，照样刊发钱穆的文章，甚至邀请他来评论自己的文章。1930年，顾颉刚在自己主编的《燕京学报》上发表了钱穆的《刘向歆父子年谱》一文。钱穆此文系统地驳斥并进而推翻了康有为的《新学伪经考》，而《新学伪经考》正是顾颉刚疑古辨伪的起点。此文表面上是针对康有为，实际上矛头直指古史辨派及顾颉刚。同年，顾颉刚的《五德终始说下的政治和历史》一文在《清华学报》上发表。顾在文章中说："我很佩服钱宾四先生（穆），他的《刘向歆父子年谱》寻出许多替新代学术开先路的汉代材料，使我草此文时得到很多的方便。"并屡次邀请钱穆评论自己的文章，想听一听不同的意见。于是钱穆在《评顾颉刚五德终始说下的政治和历史》一文中毫不客气地评论道："顾先生的古史剥皮，比崔述还要深进一步，决不肯再受今文学那重关界的阻碍，自无待言。不过顾先生传说演进的古史观，一时新起，自不免有几许罅漏，自不免要招几许怀疑和批评。顾先生在此上，对晚清今文学家那种辨伪疑古的态度和精神，自不免要引为知己同调。所以《古史辨》和今文学，虽则尽不妨分为两事，而在一般的见解，常认其为一流，而顾先生也时时不免根据今文学派的态度和议论为自己的古史观张目。这一点，似乎在《古史辨》发展的途程上，要横添许多无谓的不必的迂回和歧迷。《五德终始说下的政治和历史》那篇论文，便是一个例子。"钱穆的这段文字实际上把顾颉刚看成了今文学家，而这是顾颉刚最忌讳的。因此，顾颉刚又撰写了《跋钱穆评五德终始说下的政治和历史》一文，为自己辩解："我决不想做今文家；不但不想做，而且凡是今文家自己所建立的学说我一样地要把它打破。"钱穆则在顾颉刚的"跋"后又加上一个附注，对自己的观点有所澄清，又指出顾颉刚"跋"中的论点"与我说无碍"。

尽管顾钱二人在古史问题上的观点始终不同，但并不影响二人的友谊。后来，当北大想聘顾颉刚去任教时，他以人事关系不好处理而推辞，却推荐钱穆去北大代替自己。抗战期间，顾颉刚应聘为齐鲁大学国学研究所主任，他邀钱穆一同前往。不久，顾颉刚辞去了主任职务，又推荐钱穆接任。顾颉刚作为古史辨派的领袖，却一再提携古史辨派的劲敌，其宽广博大的胸襟令人佩服。

顾颉刚是中国现代民俗学的开创者，但他并不以此自居，对比自己写得好的著作仍是极力推荐，想办法出版。妙峰山香会调查是顾颉刚民俗学活动中精彩的一笔，开中国民俗调查之先河。他对自己编辑出版的《妙峰山》一书也颇为自负，曾说过："这本《妙峰山》真是可以宝贵了：我们这件工作总算抢到了一些进香的事实，保存了这二百数十年来的盛烈的余影！因为这个缘故，所以有人批评这本《妙峰山》编得不好的时候，我总回答道'这是仅有的一部书了！这不是编制得好坏的问题，乃是材料的有无问题！'我常想，能够注意这个问题的，怕全国只有我们几个人吧？我们调查的固然不详细，但比我们详细的还有谁呢？"令顾颉刚没有想到的是，世界上真有那么一个人，在顾颉刚等人之前，就已经对妙峰山进香民俗进行过长期的、也更为详细的调查研究。这个人就是奉宽，他写的书名为《妙峰山琐记》。此书作者可能是看到了当时《京报副刊》上的"妙峰山进香调查专号"后，将稿本送到燕京大学，希望能够出版。顾颉刚看到这本书后，既喜出望外，又大为叹服。

因为该书比他们的调查详细得多，所收的香会比他所抄多出两倍多。顾颉刚并没有因为别人比自己做得早、做得好而心存妒忌，而是将此书列入中山大学民俗丛书出版，自己亲自作序加以介绍和表彰。顾颉刚从来都把学术作为公共的事业，需要集合众人之力共同发展，因此，他才真心诚意地欢迎辩论，全力以赴地帮助同行，他对奉宽《妙峰山琐记》的态度就是明显的一例。

"完全把我当作一个平等的讨论对手看待"

　　顾颉刚不仅尊重前辈或同辈学者的不同意见，对晚辈或学生的不同观点同样大力鼓励，并平等地展开争论。1931年，谭其骧在燕京大学历史学系读研究生，选修了顾颉刚所讲的"尚书研究"一课。顾在讲《尚书·尧典》篇时，认为其中的十二州是西汉的制度。谭其骧在阅读讲义和材料中觉得这不是西汉的制度，而是东汉的制度。他在课下对顾先生提出了自己的看法，顾当即让他把看法写成文字。谭其骧本来想口头说说算了，现在让写成文章，就不得不查阅《汉书》《后汉书》《晋书》等有关篇章，结果使他更坚信自己的看法。他把自己的想法写成一封信交给了顾先生。想不到，第二天顾就给他回了一封长信，结论是赞成他的看法中的三点，不赞成的也是三点。这就进一步激发了谭其骧钻研的兴趣和辩论的勇气。六天之后，他又给顾先生写了第二封信，申述自己的论据。隔了十多天，顾先生又给他复一封信，对他第二封信的论点又同意一点，反对两点。通信讨论到此结束。不久，顾将这四封信并在一起又写了一个附说，加上一个《关于尚书讲义的讨论》的名目，作为讲义的一部分，印发给全班同学。这件事给谭其骧留下了深刻的印象，他后来在回忆文章中写道："这场讨论之所以能够充分展开，导致取得颇为丰硕的成果，从而基本上解决了历史上一个相当重要的问题，关键不在于我这个学生敢于提出质问，而在于作为老师的顾先生对待这样一个大胆学生的态度。当我对他提出口头意见时，他既不是不予理睬，也没有马上为自己的看法辩护，而是鼓励我把意见详细写下来。我两次去信，他两次回信，都肯定了我的一部分意见，又否定了我另一部分意见。信中的措辞是那么诚恳，绝不以权威自居，完全把我当作一个平等的讨论对手看待。这是何等真挚动人的气度！他不仅对我这个讨论对手承认自己有一部分看法是错误的，并且还要在通信结束之后把来往信件全部印发给全班同学，公诸于众，这又是何等宽宏博大的胸襟！"这场讨论促使谭其骧对这个问题深入钻研下去，勇于独立思考，提出一些合理的见解，对这个问题的解决作出了一定的贡献。而顾颉刚也在谭其骧两封信的推动下，后来写出了《两汉州制考》这样的名篇。一场师生之间的讨论，解决了一个重要的历史问题，留下了一段师生切磋共进的佳话。

1962 年，南开大学历史系研究生李民写了一篇《尚书盘庚篇研究》的毕业论文。在论文答辩前，指导教师把论文寄给顾颉刚审阅并请他指导。顾对这篇论文中提到的有关《盘庚篇》的制作时代很感兴趣，因为李民的看法与他不同，他在刚发表的文章中认为《盘庚篇》很可能是东周时代的作品，而李民的文章则认为是周初所作。顾先生让李民到北京来，与他谈了整整两个小时，一方面鼓励他继续探讨，另一方面则精辟地、深入浅出地给他讲授了《盘庚篇》的一些关键问题。李民后来回忆说：开始，我心里忐忑不安，觉得我是一个年轻的初学《尚书》的学生，而顾颉刚先生早已是遐迩闻名、誉满全国的著名史学家，是国内知名的《尚书》学大专家，恰恰我又提出了一个与他不相同的想法，这可如何是好。不料，竟出乎意外，他不是嗔怪我、嘲讽我，而是极为热诚地帮助我、鼓励我，并能虚怀若谷地听取我的陈述，这就解除了我开始的不安心绪。不但如此，他还告诉我，《盘庚篇》制作于周初也是有可能的，甚至还帮我找出了几条证据。由此可见，顾颉刚即便到了晚年仍坚持真理愈争愈明的原则，鼓励青年学者向自己挑战。

"我永远要求得到的幸运，就是常有人出来把我痛驳"

顾颉刚对学术论争有高度的自觉，认为只有在争论中自己才能不断进步。他在《古史辨》第一册自序中就说："我非常地感谢适之、玄同两先生，他们给我各方面的启发和鼓励，使我敢于把违背旧说的种种意见发表出来，引起许多同志的讨论。这个讨论无论如何没有结果，总算已向学术界提了出来，成为学术界的共同的问题了。我又非常地感谢刘楚贤（掞藜）、胡堇人、柳翼谋（诒徵）诸先生，他们肯尽情地驳诘我，逼得我愈进愈深，不停歇于浮浅的想象之下就算是满足了。我永远要求得到的幸运，就是常有人出来把我痛驳，使得我无论哪个小地方都会亲自走到，使得我常感到自己的学力不足而勉力寻求知识。我在生活上虽是祈祷着安定，但在学问上则深知道这是没有止境即是自己的堕落，所以愿意终身在彷徨觅路之中，不希望有一天高兴地呼喊道：真理已给我找到了，从此没有事了！"顾颉刚三十多岁时的这段肺腑之言，充分说明了他是把别人的鼓励和痛驳看得同样重要，同样心存感激，他更把反对者的"痛驳"作为自己不断进步、永不停歇的动力。

顾颉刚从来不把学术作为自己成名成家的私事，而是作为公共的事业，因此，他并未把在学术界引起轰动的《古史辨》作为自己的专著，视为自己的地盘。他在《古史辨》第五册自序中说：我编辑《古史辨》的动机，并不是想把它当作自己的著作，乃是要它做成中华民国学术史的一部分的'史料汇编'，要使人读了这部汇编，可以有几个清楚的问题梗在心头。问题自我发，固然编辑起来凑手一点；即使不自我发，只要和古史有关系而已讨论了些时候，我也乐于搜集。书，由我编固可，即不由我编亦可。上次出的第四册，就是罗雨亭先生（根泽）编的。他本来编的是《诸子丛考》，我看他的体例和《古史辨》绝相类，就请他加入。出版之后，许多人觉得诧异，说《古史辨》为什么不由顾颉刚编了？我觉得这种态度未免胸怀不广：学问非财产，何必私有呢？古史的园地宽得很，应当做的工作多得很，竭顾颉刚一人之力也不过耕得百亩，何必把那些不耕之地也占拦了！

《古史辨》全七册始终以讨论集的形式出现，又尽量辑录反驳和批评的文章，充分展示在古史研究中的百家争鸣。顾颉刚这样做的目的就是要引起大家对问题的注意，进而造成一种讨论的风气。他在《古史辨》第三册自序中说，凡是一件事情可以发生疑窦的地方，这人会想到，别人也会想到；不过想到的程度或深或浅，或求解答或不求解答。若单把论文给人看，固然能给人一个答案，但读者们对于这个答案的印象绝不会很深。现在我们把讨论的函件发表，固然是一堆材料，但我们的疑窦即是大家公有的疑窦，我们渐渐引出的答案即是大家由注意力渐深而要求得到的答案。这样才可使我们提出的问题成为世间公有的问题，付诸学者共同的解决。他认为《古史辨》只是一部材料书，是搜集一时代人们的见解，而不是一部著作。之所以这样做，就是想改变学术界不动思想和"暖暖姝姝于一先生之说"的旧习惯，另造成一种讨论学术的风气，造成学者们的容受商榷的度量，再造成学者们自己感到烦闷而要求解决的欲望。他希望大家都能用他自己的智慧对于一切问题发表意见，同时又真能接受他人的切磋。一个人的议论就会武断，只要有人肯出来矫正，便可令他发生自觉的评判，不致误人。所以人们见解的冲突与凌乱，读者心理的彷徨无所适从，都不是坏事，必须如此几可逼得许多人用自己的理智作审择的功夫而定出一个真是非来。由此可见，顾颉刚不仅自己真心诚意地欢迎不同意见，还希望通过自己的努力使整个学术界形成一种讨论的风气，在辩论和商榷中培养学者们容纳异己的度量，逼出古史的真相。

但顾颉刚并非对所有的责难和批评都能接受，对有人攻击他不能用考古材料和唯物史观来研究古史，他极力辩解。1935年，他在《战国秦汉间人的造伪与辨伪》附言中写道：我开始辨古史在民国十年，那时中国的考古工作只有地质调查所做了一点，社会上还不曾理会到这种事，当然不知道史料可从地底下挖出来的。那时唯物史观也尚未流传到中国来，谁想到研究历史是应当分析社会的！我在那时，根据六经诸子，要推翻伪古史而建设真古史，我自己既觉得这个责任担当得起，就是社会上一般人也都这般地承认我，期望我。从现在看来，固然可笑，但论世知人，知道了那时的环境是怎样的，也就不必对于我作过分的责备。其后考古学的成绩一日千里，唯物史观又像怒潮一样奔腾而入，我虽因职务的束缚，未得多读这方面的著作，但我深知兹事体大，必非一手一足之烈所克负荷，所以马上缩短阵线，把精力集中在几部古书上。我自视只是全部古史工作中的某一部分的一员，并不曾想夺取别人的领导权而指挥全部的工作。我的工作是全部工作的应有的一部分，绝没有废弃的道理；如果这一部分废弃了，无论是研究考古学或唯物史观的，也必然感到不便。所以除非说考证古文籍的工作是不该做的，才可使我的工作根本失其存在的理由；倘使不这样说，那么这项工作就绝没有推翻的可能，至多只有在某一考证问题上应当驳正，某一考证材料上应当订补而已。

至于有人痛诋他不能用唯物史观研究古史，顾颉刚认为：我自己决不反对唯物史观。我感到研究古史年代、人物事迹、书籍真伪，需用于唯物史观的甚少，毋宁说这种种正是唯物史观者所亟待于校勘和考证学者的借助之为宜；至于研究古代思想及制度时，则我们不该不取唯物史观为其基本观念。唯物史观不是"味之素"，不必在任何菜内都渗入些。在分工的原则之下，许多学问各有其领域，亦各当以其所得相辅助，不必"东风压倒西风"才算快意。况且我们现在考辨古书，为什么成绩比宋人好，只因清代三百年的学者已把古书整理得很清楚了，我们要用好版本，有；要用好注释，也有；要寻零碎的考证文字，也多得很。清代的学者辛辛苦苦，积聚了许多材料，听我们用。我们取精用弘，费了很少的功夫即可得到很大的效力。等到我们把古书和古史的真伪弄清楚，这一层的根底又打好了，将来从事唯物史观的人要搜取材料就更方便了，不会得错用了。是则我们的"下学"适以利唯物史观的"上达"。我们虽不谈史观，何尝阻碍了他们的进行，我们正为他们准备着初步工作的坚实基础呢！

　　尽管遭到多方的责难和批评，但顾颉刚自己对考辨古史的意义始终坚信不疑。1952年，他原来的学生杨向奎、童书业在《文史哲》发表批判古史辨派的文章，对古史辨派全盘否定。顾颉刚虽然承认遭到无情的打击，但他仍坚信《古史辨》是有意义的。他在笔记中写道：《古史辨》的工作确是偏于破坏的，所要破坏的东西就是历代皇帝、官僚、地主为了巩固他们的反动政权而伪造或曲解的周代经典。这个反动政权是倒了，但他们在学术上和历史上的偶像还没有倒。批判接受的前提就是要作一回大整理，使得可以以周还周，以汉还汉，以唐还唐，以宋还宋，表现出极清楚的社会性，然后可以与社会的发展相结合，所以《古史辨》的工作还该完成。他在临死之前所写的《我是怎样编写古史辨的?》还坚信，这一项工作既是上接千年，下推百世，又哪里说得上"过去"。正是因为坚信自己考辨古史的意义，他才能不避困难，不怕攻击和责难，靠自己的艰辛努力为中国古史研究开辟出一条大道来。

第 8 章

始于疑而终于信

长期以来，顾颉刚一直被人视为疑古辨伪的大家。因此有人就认为他"破"字当头，"破"得过头、"破"得过分，光有破坏没有建设，甚至抱怨说："顾颉刚们说这部书伪，那部书伪；照这说法，不知再有什么书可读！"顾颉刚生前曾一再为此辩解，强调破坏和建设是一个问题的两个方面，自己偏于破坏，只是分工的不同。而且，从他一生的学术实践来看，他的后半生在建设方面也取得了卓越的成就。弄清他在破坏与建设中的贡献有助于我们全面评价他的学术成就和影响。

"所以有破坏，正因求建设"

顾颉刚的确是从疑古辨伪开始走上学术研究道路的，之所以会有这种选择，正如他自己所言，是时势、个性、境遇三者凑合的结果。他承受了"五四"前后思想解放、重估一切价值的潮流，随顺了自己桀骜不驯、好奇心极强、会随处生出问题而要求解答的个性，遇到了钱玄同、胡适这样的提起他编集辨伪材料兴趣、奖励他大胆怀疑的老师。顾颉刚以疑古辨伪作为自己学术的突破口，这正是中国史学现代化的必由之路，这是他的幸运，他能靠一封书信或一本编辑的讨论集而名震史坛，绝不是偶然的，是时代、个性、机遇和努力造就了顾颉刚。

1921 年，顾颉刚在北大图书馆任编目，又在北大研究所国学门任助教。这为他的疑古辨伪提供了有利的条件。当时，他对研究所最感兴趣，他后来回忆说，研究所四壁排满了书架，看书比图书馆还要方便些；校中旧存的古物和新集的歌谣也都汇集到一处来了。我这也弄弄，那也翻翻，不觉夜色已深，在黑暗的巨厦中往往扶墙摸壁而出。人家说我办公认真，哪知我只是为了自己！在这翻弄之中，我从罗振玉和王国维的著述获益最多。通过罗、王二人的著述，顾颉刚第一次见到甲骨文和他们的考释，以及二十年中新发现的北邙明器、敦煌佚籍、新疆木简的图像，开始知道他们对古史已在实物上做过种种的研究。这次与古代实物的接触，使顾颉刚眼界大开，认识到研究古史除书本之外还有一个广阔的实物世界。

更为重要的是，顾颉刚在看到罗振玉和王国维的著述及古代实物后，对破坏旧古史建设新古史有了新的认识，他说："我知道要建设真实的古史，只有从实物上着手的一条路是大路，我的现在的研究仅仅在破坏伪古史的系统上面致力罢了。我很愿意向这一方面做些工作，使得破坏之后得有新建设，同时也可以用了建设的材料做破坏的工具。"但由于他考古学上的素养缺乏，再加上境遇的困厄，此后，他并未在实物方面用力。

针对有人说他做翻案文章，翻来覆去总是这几本书，顾颉刚坚信，自己敢于这样做，并不仅仅要做翻案文章，而是要在客观上真实认识古史。他说，我的唯一的宗旨，是要依据了各时代的时势来解释各时代的传说中的古史。他举例说，譬如伯夷，他的人究竟如何，是否孤竹君的儿子，我们已无从知道。但我们知道春秋时人是喜欢讲修养的，人格的陶冶以君子为标的，所以《论语》中讲到他，便说不念旧恶，不肯降志辱身。我们又知道战国时的君相是专讲养士的，士人都是汲汲遑遑地寻求主人而为之用，所以《孟子》上说他听得文王有了势力，就兴起道："盍归乎来，吾闻西伯善养老者!"我们又知道，自秦皇一统之后，君臣之义无所逃于天地之间，忠君的观念大盛，所以《史记》上也说他叩马谏武王，义不食周粟，饿死于首阳山了。汉以后，向来流动的故事因书籍的普及而凝固了，他的人格才没有因时势的迁流而改变。所以我们对于那时的古史应当和现在的故事同等看待，因为这些东西都是在口耳之间流传的。我们从中，不但可以理出那时人的古史观念，并且可以用那时人的古史观念去看出它的背景——那时的社会制度和思想潮流。这样的研究有两种用处：一是推翻伪史，二是帮助明了真史。

　　《古史辨》第一册出版后，顾颉刚在获得极高的学术声誉的同时，也引来许多争议，很多人对他的态度并不了解，有人说他只有破坏，没有建设。顾颉刚对此解释说："学术界中应当分工，和机械工业有相同的需要。古史的破坏和建设，事情何等多，哪里可由我一手包办。就是这破坏一方面，可做的工作也太多了，竭尽了我个人的力量做上一世，也怕未必做得完，我专做这一方面也尽够忙了。而且中国的考古学已经有了深长的历史，近年从事此项工作的人着实不少，丰富的出土器物又足以鼓起学者们向建设的路上走的勇气，我不参加这个工作绝不会使这个工作有所损失。"顾颉刚这段话是说破坏旧史和建设新史应有所分工，自己一生仅从事破坏旧史的工作也难以完成，建设新史的工作只能由别人来做。

由于破坏旧史和建设新史都是庞大的工程，非短时期内所能完成，所以顾颉刚一再强调从研究小问题入手，埋头苦干，不求近功，甚至预言我们这几十年的寿命里是一定看不见总的结论了。针对有些人主张的不破坏而建设，顾颉刚坚决反对，他认为，这只是一种空想。倘使不破坏《易》"十翼"，如何把《易经》从伏羲的手里取出来而还之于周代？倘使不破坏汉人的《诗》说，又如何脱去《诗序》《诗谱》等的枷锁而还之于各诗人？如不还之于周代及各诗人，则《易》与《诗》的新建设又如何建设得起来？所以，这只是一句好听的话而已，绝不能适用于实际的工作。

随着古史考辨的深入，顾颉刚对破坏与建设的关系的认识越来越深刻。针对有些人把他考辨古史比作"焚书"的误解，他辩解说，我们的辨伪，绝不是秦始皇的焚书。我们辟《周官》伪，只是辟去《周官》与周公的关系，要使后人不再沿袭传统之说而云周公作《周官》。至于这部书的价值，我们终究是承认的。要是战国时人作的，它是战国政治思想史的材料。若是西汉时人作的，它便是西汉思想史的材料。又如我们辟《左传》伪，也只要辟《左传》与孔子的关系，使后人不再说"孔子作《春秋》，丘明为之《传》"等话。至于它的历史价值、文学价值，我们何尝不承认。"这原是以汉还汉，以周还周的办法，有何不可。我们所以有破坏，正因求建设。破坏与建设，只是一事的两面，不是根本的歧异。"

"非有此破坏，我们的民族不能得到一条生路"

香港学者许冠三在《新史学九十年》中认为，顾颉刚一生的治学路向是始于疑而终于信，他大致是 1928 年前重疑，20 世纪 30 年代尚辨，40 年代由辨伪向考信过渡，60 年代后则以考信为主。他还强调，顾颉刚对现代史学的贡献，其实是破立相当的。在中年以前，他一直忙于尝试以新法看古史，以新说破旧学，但 40 年代以后，他的思虑焦点已开始转向，由破多于立徐徐移往破立兼顾。最后二十年的工夫，则完全以立为宗。从顾颉刚一生的学术成就来看，这个说法应该是客观公正的。

顾颉刚早年最突出的创获有两点：其一是提出了揭穿旧古史系统真相的"层累说"；其二是甄别古史可信与否的四条标准。这两项创见表面上是疑古辨伪，重在"破"，但其目的和结果仍在立信。他"所以有疑，为的是有信"。不先有所信，建立了信的标准，就无从疑辨；有了信的标准，方能"凡是不合于这标准的则疑之"。就辨别信史和非信史的四项标准而言，以民族言，则多元说可信；以疆域言，其说愈不近似秦汉帝国领域者愈可信；以古史传说所含的神性与人性比例言，神性愈多人性愈少者愈可信；以美化的程度言，则愈美愈快乐的愈为后出。这与其说是在"破"，不如说是在"立"。

1933 年，顾颉刚在《古史辨》第四册自序中，系统阐述了他的"古史四考"计划，即：（1）辨古代帝王的系统及年历、事迹，称之为《帝系考》。（2）辨三代的文物制度的由来与其异同，称之为《王制考》。（3）辨帝王的心传及圣贤的学派，称之为《道统考》。（4）辨经书的构成及经学的演变，称之为《经学考》。他之所以计划从事这四考，是因为古史里藏有四种偶像：帝系代表的是种族的偶像；王制为政治的偶像；道统是伦理的偶像；经学是学术的偶像。这四种偶像都建立在不自然的一元论上。本来语言风俗不同，祖先氏姓有别的民族，归于黄帝的一元论。本来随时改易的礼制，归于五德或三统的一元论。本来救世蔽、应世变的纷纷之说，归于尧舜传心的一元论。本来性质思想不一致的典籍，归于孔子编撰的一元论。这四种一元论又归于一，就是拿道统说来统一一切，使古代的帝王莫不传此道统，古代的礼制莫非古帝王的道的表现，而孔子的经更是这个道的记载。有了这样坚实的一元论，于是我们的历史一切被其搅乱，我们的思想一切受其统治。

顾颉刚认为，我们的民族之所以堕落在沉沉的暮气之中，丧失了创造力和自信力，不能反应刺激，抵抗强权，这种思想的毒害是重要的原因之一。所以我们无论为求真的学术计，或为求生存的民族计，既已发现了这些主张，就当拆去其伪造的体系和装点的形态而回复其多元的真面目，使人晓然于古代真相不过如此，民族的光荣不在过去而在将来。我们要使古人只成为古人而不成为现代的领导者；要使古史只成为古史而不成为现代的伦理教条；要使古书只成为古书而不成为现代的煌煌法典。这固然是一个大破坏，但非有此破坏，我们的民族不能得到一条生路。接下来，顾颉刚又谈到这种破坏与建设的关系：我们的破坏，并不是一种残酷的行为，只是使它们各个回复其历史上的地位：真的商周回复其商周的地位，假的唐虞夏商周回复其先秦的地位。因此，这种破坏从另一个方面来看就是建设，不先破坏伪造的一元的旧古史，又怎能建设可信的多元的新古史。

"使人人闻商周人之言，如今人之相与语"

最能体现顾颉刚古史建设成就的就是他一生对《尚书》的研究。1959 年，他在读书笔记中写道："予有志治《尚书》始于 1909 年，其时对于清人考证之学已略有所窥，而祖父令读《尚书》，惟其难读，是以欲穷究之。五四运动后，予放论古史，颇取资于《尚书》，若有创获。"由此可见，《尚书》是他治学的起点，他也正是从《尚书》《诗经》《论语》这几部最初的文献的比较研究中，提出了轰动史坛的"层累说"。

1925 年，顾颉刚作《盘庚》《金縢》两篇今译发表，获得好评。随后，他在厦门大学任教，所开的课就是《尚书》研究，这也是他在大学里正式担任的第一门课。接着，他又在中山大学开设此课，所编《尚书》讲义，搜集自汉至近代研究《尚书》的主要各家之说六十二种，编为《尚书学参考资料》八册，成为研究《尚书》最根本的物质建设。20 世纪 30 年代，他在燕京大学和北京大学所开《尚书》研究课，重点是深入考辨《尧典》《禹贡》，用充分的证据揭露了这两篇和《皋陶谟》是儒家为了建造他们的古史所加工编造的，将它们的写作年代移后至战国，从根本上动摇了儒家利用它们所建立起来的古史体系。同时，他除编辑《〈尚书〉研究讲义》外，还与顾廷龙合编了《尚书文字合编》，又主编了《尚书通检》，可以按书中任一字即可查到书中任一句。

为了对古史做更深入的研究，顾颉刚在 20 世纪 30 年代又计划做古史四考：即帝系考、王制考、道统考、经学考。他以为把这四考做成之后，就可以对中国旧系统的古史做一总清算。而要做好它，就必须对与这四方面都有密切关系、被历代奉为神圣经典的《尚书》做彻底的研究。"九一八"事变后，他将研究重点又转移到历史地理和边疆地理方面，《尚书》研究暂时中断。

1949 年以后，顾颉刚又重新投入《尚书》研究之中。1951年，他说，《尚书》是我的专业，又在诚明文学院教此课，所以所读的书以这一方面为多。如果我能照这样做去，两年之后《尚书》今译的工作必可做完，那也是了却三十年来的一桩心事。但当时的客观条件，使他无法安静下来进行研究。

直到 1959 年顾颉刚才得以专心整理《尚书》，他当时的计划是：（1）《〈尚书〉今译》，分三册。此皆取两千余年来《尚书》各本及各家说，经批判而接受者，为予独断之学。每篇分校勘、解释、标点、翻译、评价五节。（2）《伪古文尚书集辨》，取前代辨论伪《古文尚书》者集为一编，使读者晓然于此一问题已成定案，而且可以移用此方法于其他伪书，为考订古籍开一大道。（3）《尚书余录》。（4）《尚书学书录》。（5）《尚书集解》。（6）《尚书文字合编》。（7）标点阎若璩《尚书古文疏证》。（8）校点段玉裁《古文尚书撰异》。他认为以上八种如皆能成书，则《尚书》一学蹊径大辟，化最难读之书为最易读之书。

这是一个体大精思的计划，要完成绝非易事。他以为《尚书》最难读的当数《大诰》，于是就决定从最难处入手。到1962 年，他已完成《大诰译证》初稿，因篇幅过大，特择其要点精练成《〈尚书·大诰〉今译（摘要）》一文，发表在《历史研究》1962 年第四期上，全文分为校勘、解释、章句、今译、考证五个部分，进行了周详、细致、深入的研究。这是他对《尚书》按篇进行校释整理的试作，也是他展示研究整理《尚书》的样本。此文发表后，引起学术界的重视，不少人表示支持或赞誉。李平心认为他的这一研究和整理《尚书》的方式，有以下几个特点：（1）把校勘、考证、训解、章句和译述有机地综合起来，组成一个研究的体系。（2）根据广泛搜集的材料从事校释，吸收各方精华，丰富《尚书》学内容。（3）打破经学史上的门户之见，择善而从，并以自己研究的心得加以发展。(4）把各种问题的专门探索同《尚书》的一般研究结合起来，能使专门知识和特殊材料为校释服务。（5）能从历史角度进行考虑，以求全面地、具体地弄清楚《尚书》各篇的历史背景和历史脉络。

此后，他对《大诰译证》的研究整理不断加深，把全文分成上下两编，上编为校勘、解释、章句、今译等文字部分，下编为史事考证部分，把《大诰》这篇重要文告的历史背景即周公东征管、蔡、武庚这一关系到周王朝成败的重大事件，做了细致的考证，而且把周初民族大迁移的重要史实也清理出来。由于他在治学上务博求全的特点，以致材料愈聚愈多，史实愈析愈明，于是由《大诰》本文的译证，发展到对周初史事的研究，稿件也愈写愈丰富，由 1962 年的初稿三十万字逐年增改，到 1966 年被迫停止工作时止，已五易其稿，成稿七十万字。

顾颉刚晚年全力做《尚书》研究工作，他在给杨宽的信中说，他正努力做好《尚书》研究工作，希望对于建设商周史作出应有的贡献，如果此书不成，将死不瞑目。但由于《尚书》问题太多，牵涉面太广，资料太烦繁，再加上特殊的政治环境，他在生前未能完成这一任务。好在他的学生和助手刘起釪继承先生遗志，继续进行《尚书》的研究和整理工作。

顾颉刚一生之所以致力于《尚书》研究，就是要攻破这个旧古史赖以生存的首要堡垒，为建设新古史清理好地基，其对新史学的建设意义重大。他的这项研究尽管没有全部完成，但他所取得的成绩及其示范意义，仍得到学术界的极高评价。杨宽认为，顾先生这样的做法，真正做到了王国维所说的："著为定本，使人人闻商周人之言，如今人之相与语，而不苦古书之难读。"这真是古史领域的重大建设。不但便于学者充分运用《尚书》以建设商周史，还便于用《尚书》与西周金文做比较研究。许冠三也认为，顾先生晚年的《尚书》研究，不但会通了汉魏以后各类专家学说的精华，而且抉择准当，论断公允，其疏证之详明精确与绵密细致更在王国维之上。至于资料繁富，体例创新与双重证据配搭的挥洒自如，犹在其次。顾氏所以有此空前的创获，关键仍在方法，文法语意演进观点的运用尤为成功。

第9章

"在研究学问之外应当做些事"

顾颉刚一生学术研究的重点是古史考辨，这本是一个与现实相距较远的研究领域，他也曾经有为学术而学术、只求真不求用的学术主张。但终其一生，他并不是一个整日埋头书堆、不问世事的象牙塔式的纯粹学者，而是一个有着强烈的民族意识和爱国精神的现代知识分子。在外敌入侵、民族危难之际，他挺身而出，运用自己的学识和影响力走在民族救亡和复兴的前列，尽到了一个知识分子应尽的责任和义务。这些与救亡有关的社会活动虽然在一定程度上影响了他自己的学术成就，但对整个国家民族的贡献实属良多。

"在学问上则只当问真不真，不当问用不用"

1926年，顾颉刚为《北京大学研究所国学门周刊》作了一篇《一九二六年始刊辞》。他在比文中强调了学术的独立和价值，表达了只求真不求用的学术主张："凡是真实的学问，都是不受制时代的古今，阶级的尊卑，价格的贵贱，应用的好坏。研究的人只该问这是不是一件事实，他既不该支配事物的用途，也不该为事物的用途所支配。"他还认为研究学问不应该和政治及道德发生联系。"我们的目的只在勤勤恳恳地收集材料而加以客观的研究，作真实的说明，在民国之下这样说，在帝国之下也是这样说，在社会主义共和国之下还是这样说。事实是不会变的，我们所怕的只是材料的不完备，方法的不周密，得不到真实的事实；至于政治的变迁原是外界的事情，和我们有什么关系呢？"

在这篇文章中，他把研究学问看作一种科学，而"科学是纯粹客观性的，研究的人所期望的只是了解事物的真相，并不是要救世安民，所以是超国界的。学问若单标为救世，当然也可以媚世，甚至于惑世"。他甚至认为学术机关应以研究学术为使命，其他一切非所当问。"我们如果承认学术机关是确以提倡学术为专责的，学术机关的个人是确以研究学术为他的专门的工作的，那么他们在国家风雨飘摇之际，依然埋头于学术上的问题原没有什么错处。"

顾颉刚此文大气磅礴、旗帜鲜明，宣称学问是目的而不是手段，突破了中国传统学术"经世致用"的束缚，将"求真"作为治学的最高标准，在当时产生了较大的影响。杨振声等人认为此文是把国学置于科学基础之上的奠基石，日本学术界也认为此文标志着中国新国学的诞生。

同一年，他在《古史辨》第一册自序中也宣称：在学问上则只当问真不真，不当问用不用。学问固然可以应用，但应用只是学问的自然的结果，而不是着手做学问时的目的。从此以后，我敢于大胆做无用的研究，不为一班人的势利观念所笼罩了。这一觉悟，真是我的生命中最可纪念的；我将来如能在学问上有所建树，这一个觉悟绝是成功的根源。

由以上两文可见，这时的顾颉刚完全信奉"为学问而学问"的信念，反对学术为政治服务，但近代中国的残酷现实使他的这一信念很难维持。1925 年五卅惨案发生后，顾颉刚被北大同仁推出来做宣传文字，用民众语体写了两份传单。传单在《京报副刊》上发表后，很快产生了影响，孩子们口中唱了，刷黑的墙上用粉笔写了，他也知道了通俗文学容易打动人心。他还被北大救国团推为出版股主任，在《京报副刊》上编辑《救国特刊》。他在发刊辞上说，要把这次兴奋的感情变为持久的意志，要把一时的群众运动变为永久的救国运动。他本人为特刊撰写了《上海的租界》《鸦片战争》《不平等条约之一——江宁条约》等数十篇文章。这是顾颉刚以文字投身救亡运动之始，他那"为学问而学问"的信念在残酷的现实面前受到了一次冲击。

其实，在这一时期，顾颉刚在坚持"为学问而学问"的同时，还深受"五四"新文化运动中平民主义思潮的影响，始终关注民众文化。他搜集歌谣、研究孟姜女就是关注民众文化的具体表现。1925 年，他参与的妙峰山香会调查也是一次深入了解民众信仰生活的重要工作。在《京报副刊》的"妙峰山专号"引言中，顾颉刚详细阐述了此次活动的目的和意义。他指出：第一，在社会运动上着想，我们应当知道民众的生活状况。朝山进香是他们生活中的一个重要部分，绝不是可用迷信二字一笔抹杀的。我们在这上，可以看出他们意欲的要求，互助的同情，严密的组织，神奇的想象；可以知道这是他们实现理想生活的一条大路。第二，在研究学问上着想，我们应当知道民众的生活状况。从前学问的领土何等窄狭，它的对象只限于书本，书本又只以经书为主体，经书又只要三年通一经便为专门之学。现在可不然了，学问的对象变为全世界的事物了！我们若能约知全世界的事物是怎样的复杂，便可约略推知学问的领土是怎样广漠。这篇《引言》从社会运动和学术研究两个方面论述了研究民间风俗文化的重要性，可以说是顾颉刚大力提倡民众文化的一个宣言，也是其关注民众思想的充分体现。

1928 年 3 月，顾颉刚在岭南大学作了一次题为《圣贤文化与民众文化》的演讲，强调要打破以贵族为中心的历史，打破以圣贤文化为固定的生活方式的历史，而要揭发全民众的历史。要把对圣贤文化和民众文化的态度改一改，以前对于圣贤文化，只许崇拜，不许批评，我们现在偏要把它当作一个研究的对象。以前对于民众文化，只取"目笑存之"的态度，我们现在偏要向它平视，把它和圣贤文化平等研究。同年，他在《民俗》周刊发刊辞中同样喊出"我们要站在民众的立场上来认识民众""我们要打破以圣贤为中心的历史，建设全民众的历史！"的口号。

20 世纪 20 年代的顾颉刚一方面在古史考辨中，坚持"为学问而学问"，只问真不真，不问用不用，敢于冲破有用无用的束缚，敢于大胆做无用的研究，奋力开拓，愈钻愈深；另一方面由于关注民众文化，又能在民俗研究中开辟出新的天地。但比较而言，他学术研究的重点仍在古史考辨。他为了民俗研究而关注民众文化，也是出于学术而不是政治目的。可以说 20

年代的顾颉刚始终坚持"为学问而学问"的学术信念。

"楚虽三户，亡秦必楚"

1931 年的辛未访古和"九一八"事变的发生使顾颉刚的学术信念和研究方向有了很大改变。1931 年 4 月，顾颉刚与容庚、郑德坤等组成燕大考古旅行团外出考古，历时两个月，所到之处有河北的定县、石家庄、正定、邯郸、魏县、大名，河南的安阳、洛阳、陕州、开封、巩县，陕西的潼关、西安，山东的济宁、曲阜、泰安、济南、龙山、临淄、益都、青岛等。在旅行中，顾颉刚看到了古代建筑之伟、雕刻之细、日用器皿之制造、文字图画之记录等，莫不惊心动魄，但在最近二三十年中竟受到急剧的破坏。他为此感叹道："宁愿毕世不见新出土之古物，以待太平之世我曾孙玄孙之发掘，不愿其今日显现而明日湮灭也。"

比古物破坏更严重的是民生的惨状。因为怕遭遇土匪，旅行团只沿着铁路沿线考察，所到之地不算荒僻，每一个地方只逗留两三天，了解也不详细。尽管如此，这次旅行仍给他留下了强烈的刺激。他在《旅行后的悲哀》一文中写道：当我们上了平汉车之后，满目荒芜。几个名城，城垣虽然伟大，但土地干枯，人家稀少，一进城仿佛进了沙漠。到石家庄，便听得某地某地有制造"白面"的工厂和运输"白面"的方法。到彰德，就闻得很浓厚的鸦片烟味。到巩县，知道这一县只有一条市街，这条街上共有二百家铺户，而鸦片烟馆就占了四十家。梅毒的高发也是极显著的一件事，我虽没有到医院调查，但看医院门口的牌子和药房门口的广告，我敢断说必占全体疾病的三分之二。娼妓之多，自不用说。

除鸦片、梅毒、娼妓外，兵和匪也很猖獗。他在文章中写道：洛阳的龙门，虽离城不过二十余里，然而我们要去，许多人都说"不保险"，不得已向官署请兵而后行。一路所见的行人，差不多都带着枪支。每一个乡村，就是一座城，每一座城外开道壕沟，甚至在壕沟之外还绕着铁丝网，由此可见土匪问题是怎样的严重了。

至于老百姓的生活，更是苦不堪言。他们许多人还过着穴居的生活。乡村人家的生活用品，若用历史的眼光来观察，就知道炕是辽代传来的风俗，棉布衣服的原料是五代时传进中国的棉花。其他如菜刀、油锅之用铁，门联之用纸，都是西历纪元前后的东西。至于11世纪以后的用具，就找不出来了。然而他们所受的压迫和病痛却是20世纪的，官吏和军队要怎样就怎样，鸦片、"白面"、梅毒又这等流行，他们除了死路之外还有什么路走！

这就是顾颉刚眼中的中国现状，这种现状给他以强烈的震撼。他生在书香门第，长在繁华的苏州，就读于北京大学，任职于北大、燕大，一天到晚与经书古史为伍，想的是大禹是虫还是人？何曾料到今日的中国会是如此惨状！在此之前，他一直觉得自己这一生只配研究学问，毫无"用世"之心。即便对政治社会有所不满，但总以为自有贤者能者担当责任，自己投身其中，于世无益，于己有害。因此，大学毕业十余年来，他几乎不问政治，只专注于自己的研究工作，并且以"为学问而学问"相标榜。可这次旅行考察归来，他深刻认识到中国再这样下去，真要亡国灭种了，自己再也不能埋头书本、醉心学术了。他说："从此以后，鸦片、'白面'、梅毒、大银圆、农村破产，永远占据了我的心。本来我的精神是集中在学问上的，从此以后，我总觉得在研究学问之外应当做些事了。"

接下来的"九一八"事变和东北沦陷，更加激发了他走出书斋出来"救世"的热情。他认为日本侵华正是中华民族起死回生的好机会。日本人性急，没有等我们绝气就来抢我们的产业，激起我们的自觉心和奋斗力，使得我们这一点希望能够化成事实，这是一个极好的机会，我们应该捉住。如果能捉住这个机会，帝国主义便真可打倒，中华民族便可恢复健康了。他在给朋友的信中写道："我们现在最要紧的职务，是捉住这机会，来唤起民众。"

1932年1月，顾颉刚回杭州探亲，因"一·二八"淞沪抗战，交通阻隔，滞留杭州四个月。这期间，他目睹了当地民众支持抗战的情景，很受鼓舞，觉得民众可用，如果全国各地皆能如此，则中国就不会失败。他认为救国工作，第一要有计划，千万不可以喊口号、贴标语为满足。在学校里，就要发挥各专业的特长：国文系可以编民众读物，史学系可以编中国民族史，外国文系可做国外宣传，教育系可深入民间去。他的一个同事当时正在研究地理沿革史，他便希望同事能从中证明东三省属中国的版图，已有两千余年的历史，来揭露日本学者说东三省本非中国的领土的险恶用心。

"九一八"事变后，顾颉刚加入了燕京大学的中国教职员抗日会。1933年热河失陷后，时局更加危急。顾颉刚当时担任抗日会宣传干事，他主张："我们的文字是民众所不能了解的，他们有他们的辞藻、语句、趣味。我们的宣传如面对民众，便该顺着他们的口味，不能闭门造车。"他的这一建议得到同事们的赞同。当时北方乡村最流行大鼓书，因为乐器简单，有两人搭档便可走遍乡村，而且句子长短不限，最接近说话，尤其适合做宣传之用。于是，他先在报上登出征集鼓词广告，列了许多题目，两个月内即收到四十多篇，后又征集多篇，修改后付印。又取"楚虽三户，亡秦必楚"之意，将发行机构命名为"三户书社"。6 月初，唱本开始出版，销量不错，其中《大战喜峰口》在半年之内就添印了七万册。

为了销售唱本，他与其他人创办了金利书庄，但因营业不佳，很快关闭。随着 1933 年 5 月《塘沽协定》的签订，抗日的气氛有所缓和，当局也对宣传抗日加以阻挠，燕大同事的抗日热情渐渐衰落，薪金停止扣用（原来抗日会的经费是由会员的薪水按月扣付 5%）。尽管顾颉刚一天到晚忙于教书、研究、办事、应酬，但他认为三户书社这件事是义之所在，必须腾出一些时间去做。他为此致函教育部长王世杰，请求津贴三户书社，得到赞同，但必须改名。1933 年 10 月，顾颉刚将三户书社改为通俗读物编刊社，其目标除提倡民族主义外，尤注意国民道德的培养和现代常识的灌输。1934 年春，天津《大公报》多次介绍通俗读物编刊社的工作，并建议扩大规模，顾颉刚对此非常感激。他在致谢信中表示，我们做这项事业，应当"不问收获，但问耕耘"地去做。我们这辈人看得见成功固然快意，就是看不见成功也无妨，好在只要国家不亡，民族不灭，将来总有人享受其成的。

在顾颉刚的苦心经营下，通俗读物编刊社有所起色。到

1935 年，他手下已聚集了容庚、王守真、吴世昌、郑侃嬾等人。他请社中同仁撰写民族英雄的故事，如《勾践报吴》《子产治郑》《张季直》等，陆续刊于《大公报·史地周刊》，受到读者好评。为了得到交通部长朱家骅的支持，维持通俗读物编刊社的生存，顾颉刚不得不加入国民党。他又从中央党部弄到两万元，作为社中经费。随后又在社中创办《民众周刊》《大众知识》两种刊物。为了得到冀察政务委员会的经费支持，顾颉刚又担任该委员会顾问。1936 年，通俗读物编刊社增至四十人，每星期编出小册子八本，报刊副刊六七种，图画数张，发行网络也建立起来，遍及华北各省。

"七七"事变爆发后，通俗读物编刊社应傅作义之邀，迁往绥远。该社编的《卢沟桥》唱本，自 7 月 15 日出版，至 22 日迁绥远时，已在北平销出五千册。之后，该社又先后迁往太原、西安。在西安曾出版过《平型关大战》《阳明堡火烧飞机场》的鼓词本，颂扬八路军的抗战事迹。1938 年初，迁到武汉，出版的小册子有《战平郊》《大战天津卫》《飞将军空中大战》《郝梦令抗战殉国》等。10 月，又由武汉迁到重庆，编的稿子卖给生活书店，每月编出十种小册子，还为国民党军事委员会后方勤务部政治部每月编写五种小册子，印发给伤兵阅读。

从 1933 年三户书社成立到 1940 年通俗读物编刊社结束，顾颉刚和社中同仁编写和发行的宣传抗日小册子数量极为庞大。据王真在《记顾颉刚先生领导下的通俗读物编刊社》一文中估计，从 1937 年到 1940 年抗日战争期间，社中编写和刊印的小册子至少在三百种以上，刊行数量当以千万册计。日本人小仓芳彦在《顾颉刚与日本》一书中引野原的《解题》说，

1931 年以来，日本由进犯东北进而开始侵略整个中国，顾颉刚根据五卅惨案时的经验，发起组织了通俗读物编刊社，采用大鼓书、小调（民歌）一类的形式，把抵御外侮的故事编成通俗说唱，致力于抗日宣传工作。其间刊行的通俗读物，有六百种，共计五千万册。

顾颉刚之所以对编写通俗读物如此热心，除了宣传抗日这一时代要求外，还与他对通俗读物的重要性认识有关。他在《通俗读物的历史使命与创作方法》一文中说：这样的通俗读物，在中国文化运动史上，算是一种独创的作风，它在内容上是十数年来新文化运动的承继与发展，在方法上是过去文化运动失败的教训所产生的新形态，在效力上是直接教育民众唤醒民众的进步的新工具，在价值上可为中国文学史留下"别树一帜"的新派别，在意义上可成中国民族解放运动中的一个新动力。可见，顾颉刚编写通俗读物就是在继承和实践"五四"新文化运动所提倡平民文化和文化下乡，把新文化运动的成果普及到平民大众之中。

顾颉刚创办三户书社和通俗读物编刊社完全是学术事业以外的工作，他为此付出了大量的时间和精力。为了筹措经费，他被迫加入国民党，周旋于国民党政要之间，甚至担任冀察政务委员会顾问。但他坚信唤起民众是立国根本大计，通过编写唱本，使民间不识字者亦能感觉当前之危机与自身之责任。他在多次碰钉子后，仍不灰心，深知要做事就免不了困难，愈大的事困难愈多，不求自身的成功，但求对国家民族有利。顾颉刚在宣传抗日方面所做的工作，虽然不能算是学术研究，甚至有人还认为是"不务正业"，但这项工作在当时对国家民族的贡献岂能是几篇学术文章、几本学术专著所能相提并论的！

"要使一般人对于自己的边疆得到些认识"

1937年8月，顾颉刚应管理中英庚款董事会总干事杭立武之聘，前往甘肃、青海、宁夏考察教育。1938年1月，在甘肃临洮办小学教员寒假讲习会，时间三个星期。他在讲习会上讲"边疆问题"五次，又作精神讲话三次。讲师与学员皆全神贯注，虽极疲劳但无倦容。后又在渭源县办了一个"乡村师资训练班"。在了解了几个县的情况之后，他建议在各县办师范讲习班，并提倡职业教育。他在临洮作《补助西北教育设计报告书》，近五万字，寄往英庚款董事会。在临潭县，他了解到该县民族问题较为严重，其原因是交通不便，人民不明外间情形，心胸无从开广，只记得近邻的恩怨，整日怀着疑惧的心理。他认为要改变这种心理，若一开始就办学校，当地的蒙古族、回族、藏族人民固执于宗教的成见，不一定能接受。为潜移默化计，办学校不如办社会教育，因为戏剧、电影、广播总是他们所喜欢接受的，医药也是他们十分需要的。先引导他们和各种现代文化相接触，让他们自动地感到受教育的需要，而后再替他们办学校，效果会更好一些。在各地的演讲中，他也屡次讲到民族团结以及现代文化的重要。但由于得不到杭立武的信任，他提出的西北教育计划并未被采纳。

这次西北教育考察使顾颉刚对西北问题的认识更加深刻，特别是外国传教士在西北地区的活动引起了他的担忧。西北地区处处有外国传教士，没有汉人的地方也有他们的工作站。他们有的人已到西北数十年，语言、装束完全与当地人一样。他们不求传教，只在联络感情。他们将枪械从印度输入西藏，再送到西康和青海，以及滇、蜀、甘、新等地，所以边民家家有枪弹，部落之间常常发生战争。他还在一个县长家中看到一幅传教士留下的"大西藏地图"，竟将喇嘛教所达到的区域除满洲、蒙古外都算作西藏。他回到重庆后，建议对传教士采取措施，并提醒人们不要以为这次国难是东北问题造成的，西北和西南的问题更严重的阶段在后面！

抗战期间，顾颉刚辗转于西南各地，学术研究条件极其恶劣，但他时刻关注着疆域和民族问题。1938 年 12 月，他在昆明《益世报》上创办《边疆》周刊，他在发刊辞中说："办这个刊物，要使一般人对于自己的边疆得到些认识，要使学者们刻刻不忘我们的民族史和疆域史，要使企业家肯向边疆的生产事业投资，要使有志的青年敢到边疆去做冒险的考察，要把边疆的情势尽量贡献给政府而请政府确立边疆政策，更要促进边疆人民和内地同胞合作开发的运动，并共同抵御野心国家的侵略。"同月，他在《益世报·星期评论》上发表《中国本部一词亟应废弃》一文，指出中国的历代政策从不曾规定某一部分地方叫作"本部"，中国的各个地理学家也不曾设想把某一部分国土定为"本部"。这个名词就是从日本的地理教科书里抄来的，日本伪造、曲解历史来做窃取我国领土的凭证，因此必须废弃之。1939 年 2 月，他在《益世报》的《边疆》周刊上发表《中华民族是一个》一文，认为"五大民族"一词是中国人自己作茧自缚，并以事实证明中华民族是自战国秦汉以来逐步形成的，其血统错综复杂，其文化亦没有清楚的界限而是相互牵连。为了对付侵略者，唯有我们自己起来，向边地同胞讲实在的历史，以求实现中华民族的团结，共同抵抗帝国主义的侵略。此文发表后，各地报刊纷纷转载。

自"九一八"事变开始直到抗战结束，顾颉刚真正践行了他"在研究学问之外应当做些事"的诺言，在民族危难、国土沦丧的紧要关头，以国家利益和民族命运为重，不惜牺牲自己的学术事业而投身于抗日救亡的洪流之中，以自己的专业特长编写通俗刊物、赴西北考察、研究边疆和民族问题，唤起民众的民族意识和爱国热情，为中华民族的解放贡献出了自己的力量。可以说，顾颉刚既是一位历史学家、教育家，又是一位社会活动家、一位爱国主义者。

第 10 章

"我的性情过于爱才"

顾颉刚一生先后在北京大学、厦门大学、中山大学、燕京大学、云南大学、齐鲁大学、复旦大学、兰州大学等数所高校任教，主持过北平研究院史学研究会、齐鲁大学国学研究所等研究机构，创办和主编过《民俗》《禹贡》《责善》《文史杂志》等学术刊物。他的这些学术活动，在成就自己辉煌事业的同时，也发现和培养了大批的史学人才。其"爱才有余"的秉性和甘为人梯的品德成为中国现代史学界的一道亮丽的风景。

"此种胸怀，尤为余特所欣赏"

钱穆是中国现代史学的巨擘，他自学成才的经历更令人称道。但钱穆能登上大学讲坛，在史学顶级刊物上发表文章，进而跻身一流史学家的行列，都与顾颉刚的引荐有直接的关系，两人和而不同的君子之交也成为中国史学界的一段佳话。

1929 年，顾颉刚离开中山大学前往燕京大学执教的途中，在苏州老家小住，而此时钱穆在苏州中学任教。钱穆是江苏无锡人，中学毕业后，先到小学，后到中学任教。在教学之余，刻苦自学，已有著作出版。一次偶然的机会，顾颉刚在钱穆的书桌上看到《先秦诸子系年》的书稿，大为赞赏，就对钱穆说，你不应该长期在中学教国文，应该去大学教历史，并推荐钱穆到中山大学任教，但因学校不放未能去成。顾颉刚还邀请钱穆为他主持的《燕京学报》撰稿，钱穆很快写出《刘向歆父子年谱》一文，发表在 1930 年 6 月《燕京学报》第七期。钱穆这篇轰动史学界的论文，表面上是针对康有为，实际上对古史辨派和顾颉刚都有所批评，但顾颉刚并不介意，照样刊发。钱穆后来在《师友杂忆》中说："读康有为《新学伪经考》而心疑，又因颉刚方主讲康有为，乃特草《刘向歆父子年谱》一文与之。然此文不啻特与颉刚争议，颉刚不介意，既刊此文，又特推荐余至燕京任教。此种胸怀，尤为余特所欣赏。固非专为余私人之感知遇而已。"

由于不适应教会学校的环境，钱穆来燕大未及一年便不愿再留。而此时，北大校长蒋梦麟、文学院院长胡适正拟聘顾颉刚来北大任教。顾颉刚考虑到回北大会遭到某些人攻击，再加上燕大校方及同事的挽留，于是决定仍留燕大，而推荐钱穆去北大。他在给胡适的推荐信中写道："他如到北大，则我即可不来，因为我所能教之功课他无不能教也，且他为学比我笃实，我们虽方向有些不同，但我尊重他，希望他常对我补偏救弊。"1931 年夏，在苏州度假的钱穆收到北京大学寄来的聘书，从此走上北大讲台。此后，清华又来请钱穆兼课。钱穆认为这必是顾颉刚事前的接洽，但他从未向顾颉刚询问，两人的交往真可谓"君子之交淡如水"。

顾颉刚不仅推荐钱穆去燕大、北大任教，在自己主编的刊物为他发表成名作，而且，顾颉刚与钱穆的侄子、著名物理学家钱伟长的成才也有很大关系。1931 年 9 月 17 日，钱伟长考入清华大学，当时钱穆不在北平，他便去找顾颉刚商量报专业的问题。他想学历史，尤其是古代史，顾颉刚很赞同。本来是20 日选课，不料"九一八"事变发生，钱伟长一夜之间改变了想法，认为要救国必须学科学，想学物理。待钱穆回来后，钱伟长向他商量此事，钱穆不同意，认为钱家一贯搞历史，还是学历史好。由于钱穆平时很听顾颉刚的意见，于是，钱伟长就拉着叔父来找顾颉刚，让顾颉刚说服叔父。顾颉刚听了钱伟长的想法后，当即表示赞成，并对钱穆说："我们国家首先要站起来，站不起来受人欺，就是科学落后。青年人有志向学科学，我们应该支持。"在顾颉刚的劝说下，钱穆同意了。顾颉刚又找到物理系主任吴有训说情，钱伟长才得以改学物理，后来成为著名的物理学家。

钱伟长在纪念顾颉刚的文章中说，他一生有两个转变：第一，对书籍由背诵转为要理解，不要全信，要用怀疑的眼光看待；第二，专业由历史转为物理。这都和顾先生的帮助分不开。他还提到一个细节：抗战期间，他出国留学，走之前妻子已怀孕，孩子出生后，家中生活无着，当时想找工作是很困难的。顾颉刚到成都齐鲁大学国学研究所任所长，召钱穆前往，并且连钱伟长的妻子一齐带去，解决了他们的生活问题。这亦可看做是顾颉刚对钱伟长事业的支持。

拼命发讲义，逼学生搞研究

顾颉刚小时候，因为受到私塾先生的威吓和迫击，长时间战栗恐怖，结果被逼成了口吃，一生不能在言语自由中发表思想。但他讲课有自己的独到之处，那就是拼命发讲义、给学生分题目、逼学生搞研究。1927 年 10 月，他在中山大学开"中国上古史""《书经》研究""书目指南"课。由于没有充足的时间编讲义，他只好专抄他人的文字，给学生看材料。他这样做也是有目的的，他在给周予同的信中写道："我觉得讲中国学问都不应随便立个系统，必须先搜集材料，让学生在许多真伪异同的材料中自去寻求可信的历史，自去打破可疑的历史……我的宗旨，是要使学生知道研究学问的不易，材料的多，使无志者望洋兴叹而退去，使有志者望洋兴破浪之志而猛进耳。"在这一年中，顾颉刚拼命发讲义，至暑假时已有千余张了。他想将来编排一下，名为《上古史材料类编》及《尚书学史材料》两书，他认为："所得的创见虽不及以前多，但比以前踏实，对于这两种学问的常识比以前丰富多了。学生中有几个好的。我深信这一年中已为广东学界造成一个新风气。"

他的讲课就是在指导学生作研究，所出试题都是研究题目。他在"中国上古史课平时成绩题目"的前记中说："此等题目皆为研究上古史者所必当思索或必当编录者，故即不作，亦应时时悬诸心目中，使见到此类材料之后，可以随手加以分析及综合，则问题虽困难必有解决之一日，即不能全部解决，至少亦必有一部分可以解决，研究学问之方法即在于是，幸留意焉！"由此可见他对培育学生研究能力的苦心。

徐文珊是顾颉刚在燕京大学的学生，他对顾颉刚的教学有切身的感受。他当时选了顾颉刚的"上古史研究"，吃了不少苦头。因学生不多，为了查书方便，晚间就在顾先生家上课。顾先生五间正房作书房，像一个小型图书馆。有问题请教，立即从书架上取出原始资料书，三翻两翻，找到出处，指给学生看，讲给学生听。书是那么熟！记忆力是那么强！问题研究得那么透彻！哪个学生不是目瞪口呆，暗暗叫绝，由衷钦佩！期中考试，出题课外做。有人先交卷，顾先生看过说，答案所说都是我所讲，那是我的见解，不是你的研究心得，不可以。徐文珊的答卷已拿在手中，准备上交，一闻此言，不敢交出。只得偷偷带回，撕碎重写。于是读书，查资料，硬在鸡蛋里找骨头，居然有收获，才敢试探交卷。不料顾先生很高兴，将他叫到家里，当面夸奖一番。自此，顾先生赏识了他这个学生，想尽方法鼓励他，协助他，培养他。他也由此明白，原来做学问没有不劳而获的。于是下工夫，一定要说自己的话，提出自己的见解。他后来回忆说："这鸡蛋里找骨头的方法是我得自顾师的最得力的教育，一生享用不尽。"

1936年，顾颉刚在燕京大学历史系给高年级学生开设"春秋史""战国史"两门课。王钟翰是当时的学生之一，他回忆说，顾先生讲课的方式很特别。当时大学课程一般没有讲义发给学生，全靠学生笔录老师的口述。顾先生的两门课却都有讲义发给学生，用的是白话文，很通俗。但顾先生本人的讲述却完全是另一套。所谓讲述，其实并不多讲，几乎完全是抄黑板，也许这是因为顾先生是南方苏州口音，本不易懂，又加之口吃的缘故。从打上课铃开始，顾先生不停地在黑板上写，从黑板的右头写到左头，行书写得很快，约摸写过三四遍，下课铃响，课也就结束了。按理说，这种方式授课对学生是非常繁累而枯燥的，但我们大家却丝毫没有这种感觉，反而聚精会神，唯恐下课铃响。其原因何在？原来顾先生在课堂上所书写的内容，全是他自己平日读书心得的笔记，对古史的疑问和考辨。许多问题都是我们平日置信不疑，或视为当然的事，现在突然被顾先生提了出来，大家先是惊愕，继之是兴趣盎然，思之再三，终是佩服。我感到顾先生的课，就像是将领率领士兵们去攻占一座城堡，众人初临其境，似乎平夷无险，只要经顾先生一指点，大家顿觉疑阵密布，机关重重，于是勇者进而弱者退，智者得而愚者失矣。

顾颉刚上课要求学生写札记、写读书笔记、写小论文，分题目让学生做，以此来培养学生的研究兴趣和能力。王树民回忆说，1932 年他选了顾颉刚先生开的"《尚书》研究"课。顾先生鼓励学生做读书札记，他也写了几篇。不料其中有些篇竟选做讲义附录，印发给同学们了，后来还选登在《禹贡》半月刊上。杨向奎在上"《尚书》研究"课时，第一堂课顾颉刚就给每一个学生发下一道题。他得到的是"共工问题"，他足足用了一个学期的时间考查"共工"。侯仁之在上"中国古代地理沿革史"课时，顾颉刚就告诉学生，《禹贡》半月刊给他们提供了一个练习写作的园地，并给每人拟定一个写作题目。他分到的题目是《汉书地理志中所释之职方山川泽寖》。他旧学根底很差，不得不去参考一些前人的著作。由于是以辑录为主，最便初学，他还是按期交卷了。这篇习作经过顾先生的修改很快就在《禹贡》半月刊上发表了。侯仁之也由此受到了激励，决心去钻研古籍。

1935年3月，顾颉刚应聘担任北平研究院史学研究会历史组主任。他之所以愿意承担这项工作，一是因为他在燕大已服务五年，按规定可休假一年；二是他想利用这个机会，招揽一批人才，编辑出版一批书籍。他说，为个人发展计，燕大的环境极好。若为提拔人才，奖掖后进，倡导文化考虑，燕大绝无发展的可能。由于缺乏经费，使最有希望的青年，研究院毕业后无法留校任助教，继续研究学问，因此为此辈优秀青年考虑，不得不另觅出路。7月上任后，他便聘吴丰培、张江裁、吴世昌、刘厚滋等为编辑，常惠、许道龄、刘师仪、石兆原等为助理。又聘孙海波、徐文珊、冯家昇、白寿彝、王守真、杨向奎、顾廷龙、童书业等为名誉编辑，洪业、许地山、张星烺、陶希圣、孟森、钱穆、吕思勉等为史学研究会会员。

顾颉刚平时为人和气，可是工作中十分认真，不讲情面。一旦发现某人有搞研究的潜质，就不断加压，严格要求，非逼你成才不可。吴丰培回忆说，顾先生在主持北平研究院史学会期间，让他编十余万字的"康藏专号"，仅给半月时间。他当时是个新手，感到手忙脚乱，顾此失彼，校稿匆忙，出现误字。顾先生即当面指出，并对于如何编稿、校稿，教导了许多方法。他感觉到在顾先生手下工作，能够学到许多东西，确是愉快，但承担的任务也是繁重的。他当时初出校门，毫无工作经验，顾先生即让他专攻西藏史料，限期完成，并负责为史学研究会、禹贡学会、蒙藏委员会、新亚细亚学会购买边疆图书。每天上午书商盈庭，应接不暇，感到十分紧张。通过这样压重担，却使每个人得到了锻炼。

顾颉刚还与商务印书馆合作，组织史学研究会的人员编辑出版了一批书籍。据吴丰培回忆，仅仅一年时间，投入不多的人力，就出版了十余种，总数有数百万字。使北平研究院史学研究会出版物大大增加了，超过中央研究院史语所，而商务印书馆也因此多出了有学术价值的书籍。更重要的是，当时中青年的作品有了发表机会，鼓舞了他们，督促了他们，一举而三方面都有收益。顾先生这种敢于用他的声誉和地位来提携后辈的魄力，是难能可贵的。

人生一乐

顾颉刚一生创办和主持过十几种学术刊物，他办刊物的目的就是为了给青年学人提供一个发表文章的阵地，很多著名学者最初就是在顾颉刚主持的刊物上发表文章，后来走上学术道路的。他在自己主持的《燕京学报》上发表了钱穆与自己观点不同的文章，使钱穆一举成名。他创办的《禹贡》半月刊更是以发表学生的文章为主，培养出一个"禹贡学派"。

1935年3月，他在给谭其骧的信中，谈到办《禹贡》的目的："我办这刊物，固要使你成名，但世界上埋没了的人才何限，可以造就的青年又何限，我们纵不能博施济众，但必应就力之所及，提拔几个，才无负于天之生才。例如钟凤年先生，年逾五十，以十余年之精力费于《战国策》上，然而世上有什么人知道他？因为世人不知，而他的文字又不足以表达学问，以致困顿不堪，不能给衣食。此等人我不帮他一下，再有什么人帮他？又如孙海波君，其学力为世所希见，而其文字颇有疵类，不为他改竟不能登。难道我为了爱惜自己的时间而使他失去了发展的机会吗？又如马培棠君，有学问，有见解，又会写文章，这种人是很能脱颖而出的，但因他寡交游，没有人为他揄扬，就埋没在一个中学里。现在我们常登他的文章，竟使注意他的人愈来愈多，我到南到北都听见提起他的姓名了，又有人托我介绍和他通信了。这样地使许多有志有为的人都能得到他的适当的名誉和地位，岂不是人生一乐？所以我们若为自己成名计，自可专做文章，不办刊物；若知天地生才之不易，与国家社会之不爱重人才，而欲弥补这个缺憾，我们便不得不办刊物。我们不能单为自己打算，而要为某一项学术的全部打算。"拳拳爱才之心，溢于言表。

顾颉刚还鼓励青年学生不必顾虑自己幼稚或草率而不敢发表文章，他在《禹贡》的编后记中指出，在学术上本没有"十成之见"，个人也必没有及身的成功。学术的见解与成就，就全体而言是一条长途，就个人而言也是一条长途。你要进步，就得向前走，所谓走，就是心中有问题，眼中有材料，从问题去寻材料，更从材料去增加问题，逼得你"欲罢不能"，一定要这样才有真正的研究可言。并且要随处留心别人的意见，同时敢把自己的意见对人发表，更容纳别人的讨论。他认为那时大学生的学问根基相当好，一经鼓励，进步极快，本来只能写一两千字的短文渐渐伸展到一两万字了。为了多发文章，《禹贡》的分量逐渐增加，起初每期只有两万字，到后来每期竟超出十万字。

顾颉刚对那些具有研究潜质而家境困难的学生总是全力进

行资助，不使他们因经济原因而放弃学术研究。徐文珊是燕大的学生，因选修"上古史研究"而得到顾颉刚的欣赏。顾颉刚知道他是个穷学生，要做工读生才能自给，就让他将司马迁的《史记》标点、分段，接下来作校勘、注解，月给银圆三十元。这对他来说，哪里是工读，简直就是研究生的奖学金。他沿着这条路走下去，后来成为著名的《史记》研究专家。

郭敬辉出生于河北定县一个农民家庭，因家境贫困，小学毕业后只好考入公费的河北省天津师范学校。他对地理比较有兴趣，在《禹贡》上发表过文章，顾颉刚便亲自写信邀请他参加禹贡学会。他当时是天津师范三年级的学生，竟没有勇气填表参加禹贡学会。1936年暑假，他到北京搜集资料，顺便到禹贡学会看看。顾颉刚对他很关心，问他为什么对地理感兴趣，家庭情况如何？并请他吃了一顿饭，鼓励他参加禹贡学会，称赞他的文章写得不错，一个大学毕业生也不见得写出这样水平的学术论文。郭敬辉原打算利用假期搜集材料，写些稿子补助学习费用。顾颉刚说这样会影响念书，就决定将《史地周刊》稿费的结余部分给他做奖学金，每年一百元，这样就使他学习有了保障。由于他在北平无处可住，禹贡学会的成员就让他住在自己家里。为了解决他的经济困难，顾颉刚还要他审校一些地图，给他一些报酬。郭敬辉在1981年回忆说，当时顾先生是全国知名的教授，而自己是穿着土制粗衣的农村青年，顾先生不但不嫌弃他，还如此厚待他，令他非常感动。

顾颉刚对童书业的培养和提携更是中国现代史学界广为传诵的佳话。童书业中学尚未毕业，但爱读书、画画，他沿着疑古辨伪的思路写出了《礼记考》和《虞书疏证》，并在《浙江省立图书馆馆刊》上发表论文多篇。他将《虞书疏证》稿寄给顾颉刚，并表示愿追随为弟子。顾颉刚看到书稿和论文后，极为欣赏，便利用回杭州期间，与童书业见面。顾颉刚邀请童书业前往北平协助自己工作，他当即答应。1935 年 6 月 27 日，童书业抵达北平，顾颉刚亲自到车站迎接。到北平后，童书业吃住都在顾颉刚家里。童书业是以顾颉刚私人研究助理的名义来北平的，之后，顾颉刚将童书业列为禹贡学会的编辑之一，并让他担任自己在燕京大学和北京大学"春秋史"课的助教，童书业的薪水全由顾颉刚来付，每月五十元。童书业后来协助顾颉刚编写"春秋史讲义"和编辑《禹贡》半月刊，又与顾颉刚合写有关虞夏历史等论文。抗战期间，童书业与吕思勉合编《古史辨》第七册，对古史辨给予总结，并在大学任教，逐渐成为研究上古史的名家。

1935 年 3 月，顾颉刚在给谭其骧的信中写道："我自问学问固不足，爱才则有余。我只想使各种人才都能发展他的个性，使文化事业得急速的开展。只是身非在位，手中又无钱，不能使后辈中的人才获得适如其分的发展。我只能使一班人才有'卖膏药'的机会，有表襮自己于社会的可能，可以激起社会国家的注意，将来得有安定的生活，以作正当的发展而已。"由于过于爱才，顾颉刚身边总是人才荟萃，他为此自豪，也为此烦恼。1931 年 3 月，他在给燕大好友洪业的信中倾诉了自己因爱才而遭致的失望和妒忌："我的性情过于爱才，只要一个人有些长处，我总希望他肯竭尽其才，作出些有价值的工作。不幸自暴自弃的人太多，有了甲种之才而懒得努力，没有乙种之才而偏会妒忌，常常使我失望。但学生方面是鼓励得起的，我常常顺了他们的才情给些题目与他们做，他们是很高兴的，所以我每到一处，这一处的学生就有许多归向到我一边来。于是激起一班同事的妒忌心，说我利用青年，结合党徒。甚至学问比我好，地位比我高的人也来妒忌我，以为我要抢他的领袖的地位。数年以来，这种冤枉气不知受了多少。"

抗战前，北平流行着一句话：北平城里有三个老板，一个是胡老板胡适，一个是傅老板傅斯年，一个是顾老板顾颉刚。从形式上看，各拥有一班人马，好像是势均力敌的三派。其实，胡适是北大文学院院长，他握有中华教育文化基金董事会（美庚款），当然有力量网罗许多人；傅斯年是中央研究院历史语言研究所所长，他一手抓住美庚款，一手抓住英庚款，可以为所欲为。而顾颉刚只是燕大教授，北平研究院历史组主任，除了自己的薪金外没有钱，没有一点经济基础。为了办事业，顾颉刚除争取社会有关方面的支援、募捐外，就是靠自己的薪金。1935 年 12 月他在给朋友的信中说，自秋天以来，燕大半薪一百六十元，北平研究院全薪四百元，北大讲师薪五十元，总数超过六百元。这六百元的分配是：以北大薪金捐给《禹贡》，以燕大薪金供绘图印图，以北平研究院薪金供日用及还债。1936 年 8 月，禹贡学会公布历次捐款总额：自成立至此，共收捐款四千三百二十四元，其中顾颉刚所捐为八百八十元。至《禹贡》停刊时，顾颉刚共捐款一千五百元。那时，北平的著名学者不多，各大学争相聘请，因此一个人常兼职数校，而且各支全薪，月薪能达到一千五百元左右。顾颉刚是名教授，凡设文学院的大学无不来聘，但他均谢绝，因为事太多，忙不过来。结果，自己毫无积蓄，有时遇到自己渴望已久的书籍也无钱购买。他在日记中写道："我倘使不爱青年，我哪会这样忙、这样穷、这样受气！"

　　顾颉刚为了培养人才不惜牺牲自己的时间和金钱，这虽然影响了他自己学业的发展，但却带来了中国现代史学的繁荣。翻开王煦华编的《顾颉刚先生学行录》，读一读诸多史学名家对顾颉刚的怀念文章，不由你不佩服顾颉刚在培养史学人才方面的独到方法和取得的卓越成绩。民国时期，尽管顾颉刚在地位和财力上无法与胡适、傅斯年相比，但他在培养人才方面的成绩与胡、傅二人相比并不逊色，在某些方面甚至更胜一筹。顾颉刚的"爱才有余"是他对中国现代史学的又一大贡献。

第 11 章

"学问中有真实的美感"

香港学者许冠三在《新史学九十年》中评价顾颉刚时说，从更长远的观点看，最值得人怀念的，恐怕还是他那嗜学如命的性格，探索真理的豪情和开拓门径的兴味。在现代史学家中，他无疑是极少数乐学的学者之一，既能在学问中体会到真实的美感，又能在探索中感受到不尽的欢喜。顾颉刚对知识的"馋渴"，对真理的"热心"和"不厌不倦"的兴味，既与生俱来，又相伴终生，成为他性格中最闪亮的光点。

学问上的野心收不住

顾颉刚坦言，他自幼对于学问上的野心就收不住，12 岁时，就发出"恨不能读尽天下图书"这样的感慨。他当时以为要尽通各种学问，只需把各种书籍都买了来，放在书架上，随心翻阅，久而久之自然就会明白通晓。他的父亲告诫他买书不必像买菜一般的求益，祖母笑他买书好像瞎猫拖死鸡一般的不拣择，但他心中坚强的执拗，总以为宁可不精，不可不博。因为翻书太多，所以各种书很少从第一字看到末一字。年纪稍长，他的野心更大，想用自己一个人的力量去将国学整理清楚，想凭一时的勇气认识宇宙和人生的最高原理，只觉得必须把宇宙和人生一起弄明白，把前人未解决的问题由自己手中一起解决，方才可以解除内心的饥渴。尽管他后来认识到这仅是一种妄想而已，实际上何曾真能探得宇宙的神秘。但他学问上的野心仍是无法收住，这给他带来无穷的烦恼，也带来了无尽的动力。

顾颉刚自幼酷爱读书，小小年纪就是书铺的常客，一天到晚的生活就是买书、读书、写书。在别人看来他是一个没有嗜欲的人，每每以"道学家"戏称。但顾颉刚自己却说："我认识我自己，我是一个多欲的人，而且是一个敢于纵欲的人。我对于自然之美和人为之美没有一种不爱好，我的工作跟着我的兴味走，我的兴味又跟着我所受的美感走。我所以特别爱好学问，只因学问中有真实的美感，可以生出我的丰富的兴味之故。反过来说，我的不信任教师和古代的偶像，也就因为他们的本身不能给我以美感，从真理的爱好上不觉地激发了我的攻击的勇气。"因学问中有真实的美感而爱好学问，因对真理的爱好而敢于攻击权威和偶像，这就是顾颉刚一生痴迷学术的真正原因。在他看来，学问不是手段，也不是目的，学问是一种发自内心的欲望的冲动，是对美的情不自禁的追求。换句话说，学问就是他活下去的理由，是他情感和生命的存在方式。

1926 年，周予同在读完《古史辨》第一册后，深刻领会到了顾颉刚以学为乐的生活本质。他说："我平素有点个人主义，有点享乐思想；我从前总以为颉刚太自苦，太有目的，太牺牲自身生活的情趣，而近于所谓'傻瓜'。但是现在我觉得我有点误会了。他非如此不安，非如此不乐；读书著述就是他安身立命的地方，就是他生命所喷发的火焰，也就是他的艺术生活的表现。他曾对我说，他是柳宗元所说的'蝜蝂'，我现在领会得，蝜蝂式的生活也就是广义的艺术生活，因为这正是超功利的，这正是无所为而为的精神的表现。"这才是顾颉刚的真正知音。

顾颉刚学问野心收不住的第一个表现就是一生爱制订大的研究计划。他在北大的同室好友傅斯年曾笑他说："你老是规划终身的大计，我觉得你一件也做不成的。"尽管所订的计划大多难以实现，并由此带来烦恼，但顾颉刚终究是一个热烈的人，无论如何受挫折，总不会灰心。他认为，计划是应当订的，一个人必须有了计划才可使生活有意味。有了计划，则一个人的生命永远是充实的，不会因外界的诱惑而变志，也不会因外界的摧残而灰心。他所订的一个个计划，正是他一生为之奋斗的目标。

1924 年，在古史讨论的高潮期间，他制订了一个研究古史的计划，分为六个学程，费二十一年工夫去做。第一学程：从民国十四年至十九年，读魏晋以前史书；第二学程：从民国二十年至二十二年，作春秋、战国、秦汉经籍考；第三学程：民国二十三年，依据考定的经籍的时代和地域抽出古史料，排比起来，以见一时代或一地域对于古代的观念，并说明其承前启后的关系；第四学程：从民国二十四年至二十六年，研究古器物学；第五学程：从民国二十七年至二十九年，研究民俗学；

第六学程：从民国三十年至三十四年，把以前十六年中所得的古史材料重新整理，著成专书。他当时三十一岁，若绝不停滞，准期完成，已需到五十二岁；若以研究的困难，人事的牵制，稍一停留，六十岁是很容易到的。他希望大家给他一点帮助，帮助的方法有两种：积极的是供给他一个适于研究的境地，消极的是无论什么事情都不要责望于他。他在制订这个计划时，曾表示："我自知学力浅薄，还说不上发挥，但是求智识的欲望在我的心中早已震荡得非常剧烈了，仿佛渴骥奔泉，再不能加以羁勒。"1926 年，《古史辨》第一册出版后，顾颉刚因生计所迫，不得不南下厦门大学、中山大学任教，研究的重点也转移到民俗学方面，这个庞大的古史研究计划也就只得暂时搁浅。

1929 年 9 月，顾颉刚回到魂牵梦系的北平，在燕京大学讲授"中国上古史研究"课。为了讲课，他将搜集到的二百多万字的材料编成一个系统，分甲乙丙丁戊五种，并计划将旧稿改为有系统的叙述，分为三编：甲编——旧系统的古史；乙编——新旧史料的评论；丙编——新系统的古史。可编了一年，甲编尚未编完，原因是他想在旧系统方面，编四个考：

(1) 辨古代帝王的系统及年历、事迹，称之为《帝系考》。

(2) 辨三代的文物制度的由来与其异同，称之为《王制考》。

(3) 辨帝王的心传及圣贤的学派，称之为《道统考》。(4) 辨经书的构成及经学的演变，称之为《经学考》。他想做成之后合为《古史考》，与《古史辨》相辅而行。《帝系考》《道统考》还比较简单，而《王制考》《经学考》则内涵复杂万状，非隐居十年简直无法下手。为准备《帝系考》，他写了《五德终始说下的政治和历史》；为准备《王制考》，他开设了"《尚书》研究"一课。但工作的进展，使他感到"愈疑愈多，更碰更繁，越深入越不见底"。随后，他又投入《禹贡》半月刊的编辑和禹贡学会的工作，刚开个头的古史考又不得不暂时停止。

顾颉刚曾自拟一副对联："好大喜功，终为怨府。贪多务得，哪有闲时。"并请容庚用大篆写出，悬挂室内，时常提醒自己。他虽然承认自己"好大喜功"，但同时又认为这正是生命力充足的表现。1948年，他在给夫人的信中说："好大喜功，乃是生命力充足的表现，天下的大事业哪一件不是由好大喜功的人担当起来而获致的成功。没有秦皇汉武的好大喜功，哪有现在我们托庇的中国。没有孙中山的好大喜功，哪有现在的中华民国。我胸中有不少的大计划，只苦于没有钱，没有势，久久不克实现。"尽管研究计划一个个落空，但他每到一地，仍先制订研究计划。1954年，他到北京之初，就向中国科学院历史研究所领导递交工作计划，包括编辑考订、研究专著与论文、笔记三部分。可接踵而来的各种"运动"使他的研究计划更难实现。

顾颉刚学问野心收不住的第二个表现就是做学问好求完备，往往由一个疑问引发若干疑问，由一个问题牵出若干问题。1920年，顾颉刚北大毕业留校，胡适让他标点姚际恒的《古今伪书考》，这一来是顺从他的兴趣，二来可以出版后得点报酬。这本来是一项很容易的工作，一两天工夫就可完成。但他觉得这样做未免太草率了，总该替它加上注解才是。这本书篇幅不多，加上注解也不算困难，大约二十天工夫也可完事。

可他一经着手，便发生了许多问题：有的是查不到，有的虽是查到了，然而根上还有根，不容易追出一个究竟来。到了这个时候，一本极薄的书就牵引到无数书上，不但他自己的书不够用，连北大图书馆的书也不够用了，他就天天上京师图书馆。做了一两月，注解依然没有做成，但古今以来造伪和辨伪的人物事迹倒弄得很清楚了。此时，他想把前人的辨伪成绩算一个总账，不愿单单注释《伪书考》了，于是发起编辑《辨伪丛刊》。由一本书的标点引发出一套书的编辑，非有强烈学术欲望的人是无法想出来的。不久，胡适买到崔述的《东壁遗书》，送给顾颉刚看。他大喜过望，立志要把它标点印行。1922年，亚东图书馆和他约定，此书由馆中出版。1922年至1925年间，顾颉刚已将这项工作做完。到1926年，馆中已排印完成，照例作一篇序文即可以出版。但好求完备的癖性使顾颉刚觉得应当把有关本书的材料辑出，列为附录，作论世知人之一助。这样一来，范围就放宽了，出版之期就延长了，直到1936年此书才出版。从开始标点到最后出版长达十五年之久。胡适在序言中说，这部大书出版期所以延搁到今日，"最重要的原因当然是顾先生不肯苟且的治学精神。他要搜罗的最完备，不料材料越搜越多，十几年的耽搁竟使这部书的内容比任何《东壁遗书》加添了四分之一……这样一位'好求完备'的学者的遗著，在一百多年后居然得着一位同样'好求完备'的学者顾颉刚先生费十多年的精力来搜求整理，这真是近世学术史上最可喜的一段佳话"！

顾颉刚的学术成果主要以论文的形式出现，很少有专著，这与他研究范围过广有关，但更重要的原因是他做学问好求完备。著名学者赵光贤认为，顾先生不论搞什么总是想求全，要把所有的材料都收齐备，不仅要把材料找全，连这些材料的注解、考证、训诂等都不厌其烦地写出来。当然这样做，对后来学者非常方便，可是对他自己则太费时间。比如《尚书》是他研究古史的主要对象，一篇《大诰》就搞了约七十万字，牵扯到许多问题，生前竟未完稿。由此可见，他研究《大诰》，不仅《大诰》本身，而是研究由《大诰》引出的周初历史。这个工作量未免太大，当然不是一时能做完的。

正因为好求完备，所以顾颉刚做学问从不满足，对自己的文章总是反复修改。且不说写成一文要易稿数次，即便发表过的文章，随着时间的推移，发现了新材料，也要部分或全部重写。他 1949 年油印的《浪口村随笔》，始做于昆明，重理于成都，续附于苏州，又在上海竭尽其力补正三个月，才成定稿，前后历时十年。到 20 世纪 50 年代，出版社欲将此书付印，他觉得这些年又有新得，又修改补充，直到 1961 年，经反复斟酌，才选择其中可作结论的五十四篇，辑为《史林杂识初编》出版。

顾颉刚的《尚书·大诰译证》是数十万字的巨著，自 1960 年至 1966 年，其中各部分大的改动几乎均有三次以上，各次稿本累计达一百万字，小的改动不计其数。仅一篇万言的《序》，现存竟有十二稿之多。而一篇"史事考证"，则由初稿的五万言，又改至二稿的十余万言，再改至三稿、四稿的三十万言。他在那时的日记中写道："连日修改考证，改一次，深入一次，其精湛处有想象不到者，真一乐也。"到了晚年，他仍旧习不改，无论是自己过去写而未发的旧稿，还是别人代他整理的新稿，发表前还是要反复修改。尽管大家劝他节劳，他总不听，他说："只要我活着就要改，否则就是不负责任。除非我死了，那么最后的改本，才算是我的定本。"

不求近功，乐于晚成

顾颉刚虽然学问野心收不住，爱制订大计划，但他在具体的研究工作中却总是从小处入手。他认为，我们不做学问则已，如其要做学问，便应当从最小的地方做起。研究的工作仿佛是堆土阜，要高度愈加增先要使得底层的容积愈扩大。固然堆得无论怎样高总不会有扪星摘斗的一天，但是我们要天天去加高一点却是做得到的。我知道最高的原理是不必白费气力去探求的了，只有一粒一粒地播种，一簣一簣地畚土，把自己看作一个农夫或土工而勤勉努力，才是我的本分的事业。顾颉刚认为学问的事业是无止境的，自己的能力是有限的，他从不奢望凭一己之力能得出最后的结论，他不求近功，乐于晚成。他曾在燕京大学的宿舍里挂上一方"晚成堂"的匾额，他说这其中的含义是：许多人看学问太简单，总以为什么问题只要一讨论就可得着结果的，所以一见我面，总要问道："你讨论古史几时可以终了？《古史辨》准备出几册?"我答以古史问题是讨论不完的；《古史辨》希望在我死后还继续出下去。至于我自己，离成功还远得很，总要做到晚年才可有些确实的贡献。所以，现在只是提出问题而不是解决问题。倘使我活七十岁，就以七十为成；活八十岁就以八十为成。若是八十岁以后还不死，还能工作，那么，七十、八十的东西又不成了。所以成与不成并无界限，只把我最后的改本算作定本就是了。

顾颉刚一生勤于思考，勤于写作。因思考过度，往往弄到深夜也难以入睡，年纪轻轻就落下个失眠的痼疾，此病折磨他一生。至于他的勤奋程度更是常人难比。他年轻的时候，常常每天要写七八千字，每天工作多在十四小时以上。有时上朋友家拜访也带上手稿和笔，如果朋友不在家需要他等待时，他就干脆坐在人家屋里誊抄稿子。有时因事耽搁一天未能读书，便觉得这一天是白活了。他往往数月或一年下来，最后总要病一场，他称生病为"纳税"，甘愿以数日之病换得一年的工作。他善于抓住点滴材料和点滴时间来写读书笔记，从 1914 年到 1980 年这六十多年间，他积累了二百多册、四百万字的读书笔记，其时间之长、数量之多都很惊人。可以说，顾颉刚的学术成就完全是他勤思考，勤写作，数十年如一日不懈奋斗的结果。

顾颉刚年轻的时候就体验到学问中有真实的美感，可以生出丰富的兴味。终其一生，他从学问中获得了无穷的快乐：有读书之乐，有写作之乐，有修改之乐，有提携人才之乐。在他的文章、书信和日记中，关于这种感受的生动描述随处可见。1921 年，他读到久求方得的《东壁遗书》后，立感"大痛快"，"高兴极了"。1925 年，他无意中获得一些有关杞梁妻哭崩梁山的记载，更感到极度的快乐，竟弄得"喜而不寐"，不得不饮酒而眠。"文化大革命"期间，他在写"交代材料"之余，只要有空闲，脑中仍在思考着古史问题。原来的笔记册不能用了，就买来小学生作文本，用钢笔把所想到的古史问题写入本中。那时的日记上常有这样的记载："记笔记一条，此问题久蓄于心，今日始得写出，为之一快。"改文章是令人头痛的事，但顾颉刚乐此不疲，他在修改《尚书·大诰译证》时在日记中写道："连日修改考证，改一次，深入一次，其精湛处有想象不到者，真一乐也。"至于提携人才之乐更是经常提到。1935年3月，他在给谭其骧的信中，谈到办《禹贡》的目的时说："这样地使许多有志有为的人都能得到他的适当的名誉和地位，岂不是人生一乐？"

嗜学如命

顾颉刚不仅把学问作为人生的乐趣，更视为自己生命的全部，无论在什么环境下，他都须臾离不开读书、写作，即使不能写作，也无法遏制他对学问的思考。《古史辨》第一册自序是顾颉刚生平最长最畅的长文，他回忆当时的写作情形是：适在北方军事紧张之际，北京长日处于恐怖的空气之中：上午看飞机投弹，晚上则饱听炮声。我的寓所在北海与景山之间，高耸的峰和塔平时颇喜其风景的秀美，到这时竟成了飞机投弹的目标。当弹丸落到北海的时候，池中碧水激涌得像白塔一般高，我家的窗棂也像地震一般的振动了。每天飞机来到时，大家只觉得死神在自己的头上盘旋不去……北京大学的薪金，这两个多月之中只领到一个月的一成五厘，而且不知道再领几成时要在哪一月了。友朋相见，大家只有皱眉嗟叹，或者竟要泪随声下。在这又危险又困穷的境界里，和我有关系的活动一时都停止了……我乐得其所，终日埋头在书房里，一天一天的从容不迫地做下去，心中想到什么就写什么，实足写了两个月，成了这篇长文，——我有生以来的最长最畅的文。胸中郁勃之气借此一吐，很使我高兴。这就是嗜学如命的顾颉刚，只要能随心所欲地读书、思考、写作，就自得其乐，哪管他飞机盘旋、炮声隆隆，生命受到威胁！

晚年的顾颉刚经受各种政治运动的冲击，别说做学问，有时连生命安全都难以保障，但他放心不下的还是自己的研究。在运动最紧张的时候，他的家被抄，所藏数千张照片及数千封信札被烧，书库也被贴上封条，诸多好友不堪折磨纷纷自杀。但他不愿就此放弃："予偷息人间，固以属稿未完，亦缘妻子儿女之生活待予工作，不忍撒手不视也。"稿子没写完，就不能死。1967年8月，他因惊吓过度，疾病发作，精神恍惚，夜不能眠。他恐自己不久于人世，但他此时念念不忘的还是自己为之奋斗一生的学术事业："所惜者，埋头七年之《尚书》工作未作一结束，五十年之笔记未整理，有负于人民之为我服务而我终无以报之也。一旦奄忽，惟有寄其望于童书业、张政烺、胡厚宣、刘起釪同志之为我补苴成编耳。书此，以当遗嘱。"

1973年，顾颉刚年满八十，他在笔记中写道："予今八十，手颤不易写小字，然每有所见，非录于册不快。肆中已无毛边纸张成册者可买，则惟有寻取旧本之尚有空页者记下之耳。人生易尽，嗜好难除，谓予积极性尚强亦可，谓予不能汰旧习以合时代潮流固亦可也。"他在生命的最后一两年中，时常对人说："生老病死是人生的规律，我并不怕死，只是胸中还有数篇文章未能写出。倘使能把它们写出来，我死而无怨。"1979年2月20日，他在日记上列出准备编出的十种书：《古史论文集》《读书笔记》《见闻杂记》《自订年谱》《自传》《杂文集》《古籍考辨丛刊》《崔东壁遗书》《姚际恒遗书》《古史料汇勘》。他写道:"我这十种书如都能出版,则死不恨矣!"

　　顾颉刚无疑是带着遗憾离开他钟爱的学术事业的。但令他在九泉之下感到欣慰的是,在他去世后,他的著作由他的女儿和弟子不断整理问世。成就他学术声誉的《古史辨》在他去世不久就由上海古籍出版社全部影印出版;由他女儿编著的、展现他一生学术活动和学术成就的《顾颉刚年谱》和《顾颉刚评传》分别于 1993 年和 1995 年出版;汇集他一生心血的读书笔记也于 1990 年由台湾联经出版事业公司出版。他的全部著作已由其女儿和弟子编成《顾颉刚全集》,共计五十余册,二千二百余万字,作为 20 世纪中国史学的标志性成果公开出版。以学术为生命的人,他的生命将同他的学术一样不朽!

第12章

"未能尽其才，但已尽了我的力"

1947 年，顾颉刚在老家苏州拟订一个"自传计划"，在计划的最后，他指出几点：（1）这是一个大转变的时代！（2）这是一个大痛苦的时代！（3）如何可以安心工作！（4）未能尽其才！（5）但已尽了我的力！

诚者斯言！顾颉刚对自己的时代和自己的生活太了解了。他生活在一个大转变的时代，既享受着思想解放的快乐，也经受着社会动荡的痛苦，他一生都在寻找一块安静的地方，以便能随心所欲地做学问，他的才情未能完全施展，但也确实竭尽了全力。他的一生是为学术而奋斗的一生，也是在不断误解和辩解中挣扎的一生。

二重人格与不能分工治学之苦

顾颉刚生于读书世家，长于人文荟萃、书香遍地的苏州，上的是北京大学，遇到了章太炎、钱玄同、胡适这样的名师，先后在北京大学、厦门大学、中山大学、燕京大学、云南大学、复旦大学、兰州大学等名校任教，主持过《燕京学报》《禹贡》这样的学术名刊，三十刚出头就因提出"层累说"而名震史坛，晚年又进入中国最高的学术研究机构从事专门研究，最后以八十八岁高龄得以善终。在中国现代史学界，像他这样的幸运者能有几人！可他为何还有那么多的委屈、不满和烦恼？他真的是才能未尽而力已尽了吗？

顾颉刚为人坦荡，毫不掩饰自己的所思所想，因此留下了大量剖析自我、表露心迹的文字。他在《古史辨》第一册自序中对自己的治学的心路历程作了淋漓尽致的表白，有幸运、有自负、有个性、有痛苦。他认为自己是承受了时势、随顺了个性、不错过境遇，由这三者的凑合，才会提出"层累说"这样的主张。他分析自己有二重人格：在一切世务上，只显得平庸、疲乏、急躁、慌张、优柔寡断，可以说是完全无用的；但到了研究学问的时候，人格便非常强固，有兴趣，有宗旨，有鉴别力，有自信力，有镇定力，有虚心和忍耐。为发展自己的特长，他愿意把全部的生命倾注于学问生活之内，不再旁及他种事务。可在当时的中国，这样显然不现实，内忧外患时时刻刻都在破坏安静的治学环境，痛苦也就如影随形，无法摆脱。

在研究范围上，他一开始常把范围放得极大，甚至想凭一己之力把国学整理清楚，后来则把它收缩，希望集中全部精神到几个问题上。可痛苦又来了，原因是：其一，许多学问没有平均发展时，一种学问也要因为得不到帮助而不能研究好。他就是万分努力，想在一种学问上创造出一个基础来，但应该由他种学问帮助的地方也仍需自己动手。这样的研究，注定是要事倍功半。其二，现在的治学方法是不要信守而要研究，骤然把眼光放开，只觉得新材料繁多乱目，向来不成为问题的一时都成问题。而他又是一个极富好奇心的人，一方面固然是要振作意志，勉力把范围缩小，做深入的研究；一方面又禁不住新材料的眩惑，总想去瞧它一瞧。等到一瞧之后，问题就来了。正在试做这个问题的研究时，别种问题又接二连三地引起来了。不去瞧则实在难熬，一去瞧又苦无办法。这能不痛苦吗？旺盛的学术生命力和好求完备的性格成就了顾颉刚的事业，也给他带来了无尽的烦恼。

"事业心之强烈更在求知欲之上"

除了二重人格和不能分工治学的烦闷外，顾颉刚在生活上所受的痛苦主要是：时间的浪费和社会上因不了解而产生的责难、常识的不充足和方法的不熟练、生计上的艰窘和生活的枯燥。这些痛苦伴随着他的一生，既激励着他与干扰自己学术研究的外部环境作不懈的斗争，也限制了他在学术方面取得更大的成就，更重要的是这些痛苦并不限于他一个人，而是中国现代学者所面临的共同问题。顾颉刚的一生正是那一代中国学人奋斗和挣扎的缩影。

时间的浪费是最令顾颉刚痛苦的事。这其中有社会的原因，也有他个人方面的原因。他认为在新式学堂读十余年书是浪费时间，因为学校教员的知识大都是不确实的，他们自己对于学问也没有什么兴趣，这使他对教员十分地不信任，几乎没有在课业中得到什么，反而把最主要的光阴在无聊的课堂上消磨掉了。大学毕业后，不再上那些无聊的课了，但过多的社会活动又占用很多研究的时间。他因为屡屡受他人之邀而发表些文字，姓名为世人所知，所以一般人以为他是有意活动的，组织什么团体往往邀请他参加，以至于他参加的团体有二十余个。他觉得如果永久这样做下去，将来的能力至多不过像现在一样罢了，一生也就完了。他要极力摆脱这种漩涡，开会常不到，会费常不缴，祈求别人谅解。可时代的袭击到底避免不尽，肩膀上永远担负着许多不情愿的工作。他说："我心中有许多范围较广的问题，要研究出一个结果来，须放下几个月或几年的整工夫的，它们老在我的胸膈间乱撞，仿佛发出一种呼声道：'你把我们闷闭了好久了，为什么还不放我们出来呢?'我真是难过极了。所以我常对人说：'你们可怜了我吧！你们再不要教我做事情吧！我就是没有一丝一毫的职务，我自己的事情已经是忙不过来的了！'"

可顾颉刚一生也未能摆脱这种折磨。1927 年，他到了中山大学，在此后短短一年多的时间里，他除担任八门课的教学、五种讲义的编写外，还兼任史学系主任、语言历史学研究所主任、图书馆中文部主任；为中大收购图书，创办三个周刊，成立民俗学会，编辑民俗丛书。如此多的社会活动令他苦不堪言，他决心离开中大回北京，专门搞自己的研究。他在给胡适的信中说："自从到了广州以后，研究所周刊出到四十二期了，我没有做成一篇文字，心中愈弄愈乱，坐定读书简直没有这回事。因为责任所在，天天要到学校去一次，而寓所离校又远，在路上费去的时间不知多少，一天一天，一月一月的蹉跎下去，我那得不恨，我那得不想走！照现在这样的做下去，不到五年，我是一个落伍者了，我完了，我除了做学阀之外再没有别的路了！所以这一关，我一定要打破，一定要在别人看为'得意'的环境中挣扎奋斗！"

尽管发过誓，但顾颉刚对他强烈的事业心仍无法遏制。20世纪30年代在燕京大学，短暂的安静环境使他的学术研究又出现过一次高峰，但"九一八"事变爆发后，国难当头的民族危机使他难以安心做自己的研究，于是，编印通俗读物宣传抗日，创办《禹贡》半月刊、组织禹贡学会、赴西北考察，成了他的日常工作。这些社会活动，无疑又占用他很多研究时间。抗战期间，他辗转西北、西南，除在各大学任教外，社会活动仍很频繁，甚至与商人合作办出版社，他为此也烦恼不已。1947年9月23日，他在致白寿彝的一封长信中，对自己的个性有过透彻的分析："刚之为人，事业心、责任心、同情心均甚强，好处在此，坏处亦在此。好处是会看出问题，想出方法，抓住机会，向前冲锋，公而无私，为人牺牲，受人亲附，易作号召。坏处是好大喜功，贪多务得，永远忙迫，为事所困，逐物徇情，骑虎难下，事未作好，精已销亡。"

顾颉刚对他这种事业心和求知欲之间的矛盾是有清醒认识的。他在1942年5月31日日记中写道："许多人都称我为纯粹学者，而不知我事业心之强烈更在求知欲之上。我一切所作所为，他人所毁所誉，必用事业心说明之，乃可以见其真相。"事业心更在求知欲之上，这才是顾颉刚为何牺牲自己的研究时间而从事社会活动的真正原因。

海外著名学者余英时在阅读过《顾颉刚日记》后，也对顾颉刚的事业心更在求知欲之上，表示认同。他说："在我们一般印象中，他是一位典型'象牙塔'中学者，毕生与古籍为伍。这次读《日记》，我才意外地发现：他的'事业心'竟在'求知欲'之上，而且从1930年代开始，他的生命形态也愈来愈接近一位事业取向的社会活动家，流转于学、政、商三界。"

至于顾颉刚为什么不甘心仅仅做一位纯粹的学者，余英时分析说，有三层背景最值得指出：第一，他是"五四"新文化运动的参与者，从传统的士大夫向现代知识人过渡。尽管这一过渡并不彻底，但他时刻希望把学术研究所取得的新知识推广到全社会，发挥一种启蒙的作用。第二，民族危机，特别是日本侵略，为他的文化事业提供了极重要的发展契机。最明显的例子是通俗读物编刊社（1933）和《禹贡》半月刊（1934）都是"九一八"（1931）以后创立的。第三，这一层背景则是个人的，即他与傅斯年在学术上的分歧和争衡。他们之所以不能共事，分析到最后，还是由于两人都有领导学术的构想和抱负，而且持之甚坚。关于这一点，顾先生在1929年8月20日致胡适的长信中，说得很清楚：我和孟真，本是好友，但我们俩实在不能在同一机关做事，为的是我们俩的性质太相同了：（1）自信力太强，各人有各人的主张而又不肯放弃。（2）急躁到极度，不能容忍。顾傅分裂是顾先生学术生命史上的一件大事。1929年以后他在学术普及的事业上投入大量的心力与此事有很大的关系。他显然是想在中央研究院历史语言研究所之外，别树一帜。他们两人的友谊破裂虽不免令人惋惜，但分途发展的结果使中国现代史学呈现出一种多彩多姿的面貌，则是必须加以肯定的。

前面多次提到，顾颉刚的求知欲极强，自幼就有"打破砂

126

锅纹（问）到底"的劲头。做学问爱订大计划，好求完备，如此皆是求知欲旺盛的表现。可现在看来他的事业心竟在求知欲之上，事业心强到什么程度不难想象！人的时间和精力是有限的，更何况处在那样一个乱世，顾颉刚挣扎于事业心和求知欲之间的痛苦是可想而知的。但这种痛苦，对顾颉刚来说有失也有得。一方面可能会影响他自己的学术成就，使他不能随心所欲地做自己的研究，他因此感到痛苦；但另一方面却有益于整个学术事业的开辟和发展。一个人的成功固然重要，但学术事业的发展更需要领袖般的人物来倡导和推动。顾颉刚在一定程度上牺牲了自己的学术研究，但换来的却是多个史学领域的开辟和众多史学人才的成长，这反过来也会扩大他的影响力。顾颉刚在史学界的影响之所以远远超出他自己的研究领域和学术成就，这与他从事的学术事业有直接关系。

"求全之毁" 和 "不虞之誉"

顾颉刚的"层累说"是挑战传统、否定旧说的革命性主张，它在给顾颉刚带来极高学术声誉的同时，也给他带来诸多的责难和非议。光是"大禹是条虫"的假说就令他苦恼不已，再三辩解。他在《古史辨》第二册自序中把社会对他的期望和责难归纳为"求全之毁"和"不虞之誉"。"求全之毁"主要包括：第一，说他没有结论；第二，说他没有系统；第三，说他只有破坏，没有建设；第四，说书本上的材料不足以为研究古史之用。顾颉刚对此辩解到：一种学问的完成，有待于长期的研究，绝不能轻易便捷像民意测验及学生的考试答案一样。只要我们努力从事于小问题的研究而得其结论，则将来不怕没有一个总结论出来。系统地完成也不是一朝一夕的事，至于《古史辨》本是辑录近人的著作，用意在于使大家知道现在的古史学界中提出的问题是些什么，讨论的情形是怎样，以及他们走到的境界有多么远而已，正不需使它有系统。他对别人说他只有破坏、没有建设特别在意，多次辩解，强调学术界中应当分工。就是破坏这一方面，可做的工作也太多了，自己竭尽全力做上一世，也做不完。而且，如果自己不以破坏古史为己任，则两千数百年来造作的伪史将永远阻碍了建设的成就。至于书本的材料，他认为有些是唯一的材料，有许多古史如三皇五帝是考古学上无法证明的，先把书籍上的材料考明，再等待考古学上的发现，这是应当的事情。

至于"不虞之誉"，这真是"幸福"的烦恼。顾颉刚编了一册《古史辨》，这在学术饥荒的中国，赢得了很高的声誉。一般人把他视为一个成功的学问家了，称他为历史专家，说到历史似乎全部的历史他都知道，说到上古史似乎全部的上古史他都知道，这是他难以承受的。他认为，学问的范围太大了，一个人就是从幼到壮永在学问上做顺遂的进展，然而到了老迈亦无法完全领略，因为我们人类的生命太短促了，有涯之生是逐不了无涯之知的。自己只是一个平常人，只能按部就班地走，只能在汪洋大海中挹得一勺水呵！所以这种"不虞之誉"，实在还是"求全之毁"的变相。这种非分的颂扬，实在即是残酷的裁制。为了避免这种"不虞之誉"的折磨，他祈求人们不要对他这个未成功者做成功的称誉，替他欺世盗名，害得他实受欺世盗名的罪戾；也不要对于他这个未成功者做成功的攻击，把全国家之力所不能成事者而责备于他一人之身，把两千数百年来所层累地构成且有坚固的基础者而责望他在短时期内完成破坏的工作，逼得他无以自免于罪戾。顾颉刚三十出头就"暴得大名"，获得了多少人一辈子也达不到的声誉，这本来是一件令人羡慕的好事，但社会上对他的过分期待，又使他感到极大的压力，烦恼由此而生。

生活的艰窘

生活的艰窘是顾颉刚那一代学人所面临的共同问题，只不过由于他事业心和求知欲均极强，对安静的治学环境更渴望，因此，对生计的艰难感受更敏感。

顾颉刚没有拥有金钱的癖好，薪金的数目本来不放在心上。只有能满足学问的嗜好，宁可投入淡泊的生活。但在当时的环境下，这种要求就难以实现。顾颉刚面临的第一次生计上的挑战是在1925年至1926年。从1925年开始，北大欠薪越来越严重，顾颉刚到年底负债数千元，生活难以维持。他在1926年6月6日的日记中写道："近日手头干涸已极，后日须付房金。没有法子，只得向适之先生开口借钱，承借六十元。予感极。自想予家非无钱，父大人亦非不肯寄钱，但我竟以种种牵阻，终不能向家中取钱，翻有赖师友之济助，思之悲愤。回家后哭了一场。"实在没有办法，他才忍痛于7月1日接受厦门大学的聘书，后又因人事上的矛盾，转入中山大学。尽管他在中大享受待遇不薄，但他内心时刻向往北平的治学环境。一旦生计有所好转，他就即刻回到了北平。他在燕京大学的地位和居所都不如中大，但他不计较这些。他所计较的只是生活上的安定与学问上的进步。当时燕大在北平乡间，甚为僻静，他每星期只有三小时功课，不担任职务，可以按他六年前所订的计划，读应读的书，做自己的研究。他说："我无所爱于燕京大学，我所爱的是自己的学业。"

顾颉刚面临的第二次生计挑战是在抗战时期。这一次更艰难、更痛苦。1943年，在重庆柏溪，他除主持《文史杂志》等事外，大部分时间在家中读书。可好景不长，5月底，夫人殷履安突然病逝，这让他万没想到，更措手不及。这位夫人是他的第二任妻子，1919年与他结婚，为人贤惠，夫妻感情很好。四年前，因父亲病逝，顾颉刚让夫人回老家苏州料理后事。夫人素来体弱，这次长途奔波更令她憔悴无人形，回到成都时，顾颉刚几乎不认识。以后虽有恢复，但元气已大伤。5月28日患恶性疟疾，顾颉刚因事在外，29日病重，30日顾颉刚赶回时已昏迷，不久即去世。当地连棺材都买不到，还是托人从磁器口买来入殓，丧事花费二万三千元。此前不久，他的大女儿刚刚远嫁到贵阳，二女儿陪同前往，回来后得伤寒住院。转眼之间，一家人生离死别，顾颉刚与二女儿在医院只能垂泪相对。这次妻亡女病给顾颉刚沉重的打击，既有感情上的，也有经济上的。当时他的月薪只有三千元，为妻丧女病花费数万元，再加上前不久为嫁女花费万元，他感到生于今日，如何可以动弹！他在给胡适的信中说："此数年中，治学则材料无存，办事则经费竭蹶，当家则生离死别，触目伤心，弄得一个人若丧魂魄，更无生人之趣。"1947年在给胡适的信中又说，他当时既受悼亡之悲痛，又加上经济压迫，痛苦不堪，"看着汹涌的嘉陵江水，真想一跳下去完事"。这种痛苦非亲身经历者难以想象，如此状态下，别说做学问，能坚持活下来就很不容易了。

抗战期间，顾颉刚辗转西北、西南长达九年，这九年在他的学术生涯中留下了惨痛的纪念，他对此耿耿于怀。1949年，他在《上游集》序言中说，自对日抗战以来，流离转徙者凡九年，以工作力最强的年龄消耗于避兵避弹的震动之中，所谋之事，百不一成。骨肉凋零，悲怆无极。币值日贬，三餐难继。身兼三四职，托命于舟车之上，倚装而书，无案可伏，与前二十年的书城生活截然异趣。当时，"四壁洞然，资料空乏，方寸既乱，思理难综，每彷徨不能下笔；或属稿及半矣事来掣夺，搁置多日，遂不能成；或一文成矣，而一经流动，为人轻掷；或友人携去，未留副本，有若弃婴道路，更无见期"。由此可见，日本侵华对顾颉刚学术事业的巨大破坏。

抗战胜利返乡后，他原指望在家读书，但又疲于多方应酬，无法安心。他曾把1947年4月至1948年3月整整一年的生活统计一下，发现一年中流动四十一次，其中住在苏州时间共计五个月，南京三个月，徐州、上海各两个月，忙得不可开交。

1948年6月，顾颉刚应兰州大学校长辛树帜之邀赴兰州大学任教，讲授"上古史研究"。辛树帜是顾颉刚二十年前在中山大学工作时结识的好友和知己，对顾颉刚的学问极为欣赏。辛树帜不仅在生活上对他无微不至地关照，对他的讲学更是全心全意地支持，每天必来听他的课，而且，在上课前先为学生介绍大概内容，讲毕后又为之总结，指出其中的精髓。顾颉刚对此非常感激，当他的妻子来信催他归家时，他在回信中说："我做事三十年，饱受挫折，半因人忌，半由主管人不了解我。现在辛先生如此了解我，我所讲的，凡有独到的地方他总能举出，实在不能不称为知己。我交友上万，知己有几人，因此我不能不为他多留些日子。"顾颉刚在兰大，除上课之外，就是准备功课，校中藏书丰富，一天到晚都可看书，累积的讲稿有二十多万字，他很想编为"古史钥"一书，将自己三十年的研究组成一个系统。这一年，他当选为中央研究院院士，这是极高的荣誉，但为了能集中时间做研究，他竟放弃了赴南京开会的机会。由于当时内战已经爆发，他的妻子在徐州女子师范学校任校长，身边有两个一二岁的幼女，受家务拖累，不得不辞职，因此，多次催顾颉刚回家。但顾颉刚实在不愿意离开兰州，他在信中说："我在此讲学，成了骑虎之势，学生太诚恳了，辛校长又太殷勤了，教我不能说硬话。我自己为了学问，也不免恋恋，因为此地参考书还足用，一回到上海就不容易工作了。这真是感情和学问不容易两全的问题。辛校长已把'古史钥'的印费全部付给大中国出版社了，如果交不了卷，岂不辜负他一番好意。"他甚至说自己在兰大简直是"留学"，希望妻子能让他做留学生。但他最终还是于12月初回到上海，从此再无像兰大那样的条件，"古史钥"一书也无从完成。

1950年8月，顾颉刚被上海市政府聘为上海市文物管理委员会委员，从此在新政权下有了公职，生活有了保障。他非常感谢赵纪彬的帮助，在日记中写道："此事酝酿三星期余，幸而得成，不致因饿而死。"1954年，顾颉刚到中国科学院历史研究所工作。由于当时的政治环境，他的研究工作并不顺利。

他认为自己的政治待遇受得太厚，既是全国政协委员，又是民进中央委员，于是就有开不完的会。同时，学术待遇却受得太薄，领导既提不出研究方案，别人提出的方案又一概拒绝，自己连一个助手都没有。1958年，顾颉刚在《我和党的关系》的交心材料中对自己的一生做了如下分析："说我个人主义，也对，因为我一生的工作目标是研究学问，而所以要这样做是由于爱好，即是兴趣主义。我要不受任何人的管束，藏在一处清静地方独个儿干，或组织了一批同道的人一块儿干。有人了解我，有人需要我，我是这样做；没有人了解我，没有人需要我，我还是这样做。因为我知道科学的范围远远广大于实际应用的需要，所以我从来不问我所工作的有没有市场。为了有这样的欲望，所以一生所希求的只是充裕的时间和最低限度的经济力量。如果衣食不成问题，时间又可以自由支配，那就一切满足。"充裕的时间和最低限度的经济力量，这就是顾颉刚对社会所提出的全部要求，可纵观他的一生，何时有过充足的时间和最低限度的经济力量？这其中固然有他自己求知欲极强、事业心又在求知欲之上的原因，但更主要的是动荡的社会和变幻的政局使他为生计应顾不暇、疲于奔命。余英时在读罢《顾颉刚日记》后写下一篇题为《未尽的才情》的长文，深入剖析了顾颉刚的事业、性格和情感。诚然，顾颉刚一生才情未尽，但从他一生的遭遇来看，谁又能说他为学术没有倾尽全力呢？

第 13 章

中国现代史学的奠基人和播种者

本书以上各节从不同的方面和角度对顾颉刚一生的学术活动和学术成就进行了比较全面的叙述，本节再结合海内外名家的评价，从总体上对顾颉刚在 20 世纪中国现代史学中的地位和影响做些综述。

从中心人物到史学大师

顾颉刚三十刚出头就因提出"层累说"而名震史坛。《古史辨》第一册出版后，胡适称其为"中国史学界的一部革命的书，又是一部讨论史学方法的书"，他的"层累说"已替"中国史学界开了一个新纪元了"。傅斯年认为他在史学中的地位，"恰如牛顿之在力学，达尔文之在生物学"，惊叹他是"在史学上称王了"。他的《孟姜女故事的转变》发表后，刘半农羡慕得"眼睛里喷火"。20 世纪 30 年代，顾颉刚任燕京大学历史系主任、北平研究院史学研究所历史组主任，创办《禹贡》半月刊，组织禹贡学会，手下有诸多史学精英和后起之秀，被人称为顾老板。他虽然在地位和经费方面不如胡适和傅斯年，但他手下的人才及在史学界的影响力并不比胡傅二人差。当时的顾颉刚，事业心和求知欲均极旺盛，真有点当今史坛舍我其谁的气派。可以说，自1923年提出"层累说"，特别是1926年《古史辨》第一册出版后，此后二十多年间，顾颉刚一直是中国史学界的中心人物之一。

可1949年以后，顾颉刚及古史辨派的地位和影响力一落千丈。顾颉刚长期被视为"资产阶级学者"被迫接受改造和批判。连原来古史辨派的骨干成员童书业、杨向奎也撰文批判顾颉刚及古史辨派。童书业在1952年3月的《文史哲》上发表《古史辨派的阶级本质》一文认为，古史辨派史学的真正意图是右面抵抗封建阶级，而左面抵抗无产阶级，后来这派的史学家多数与封建阶级妥协，只坚决抗拒无产阶级了。古史辨派在考据学上，也没有什么价值。杨向奎在同期的《文史哲》中发表了《古史辨派的学术思想批判》一文，认为这一派的治学方法，彻头彻尾是唯心论者，他们丝毫不了解社会发展规律。顾颉刚把古史推翻，只造成古史的混乱，而没有解决任何问题。"层累说"一无是处。这两篇全盘否定古史辨派的文章，给顾颉刚"无情之打击"。这一时期，其他类似的批判顾颉刚及古史辨派的文章还有不少。

1980年顾颉刚去世后，由于政治环境的变化，学术界对顾颉刚的评价发生了很大变化，基本上是一片肯定、赞美之声。杨向奎在1981年写的《论古史辨派》一文中，对顾颉刚及古史辨派给予很高评价，充分肯定了古史辨派在学术和思想方面的影响。此后，杨向奎还发表不少文章，认为"《古史辨》对中国史学有伟大的贡献"，顾颉刚是中国近代的史学大师，他不仅在古代史、民俗学上有伟大的贡献，在培养人才上更有了不起的贡献。此后，顾颉刚的学生或受过其影响的各界学者纷纷发表文章，顾颉刚又重新恢复了史学大师的身份。

1993 年是顾颉刚诞辰一百周年，中国社会科学院和苏州市政协、苏州大学联合在苏州举行"顾颉刚先生诞辰一百周年学术讨论会"，北京也召开了纪念会，对顾颉刚的评价进一步提高。在北京的纪念会上，著名的民俗学家钟敬文称顾颉刚是一位百科全书式的学术大师；著名历史学家邓广铭称顾颉刚在历史学方面开创了一个新时代；著名哲学家张岱年称中国古史是层累造成的，是一个科学的大发现；赵光贤称顾颉刚是一位划时代的真正学者；何兹全把顾颉刚与梁启超、王国维、胡适、陈寅恪、傅斯年、钱穆一道列为史学大师、国学大师；周一良称顾颉刚既开风气又为师。从这些重量级学术名家的评价中可以看出顾颉刚在 20 世纪中国学术史上的崇高地位。

中国史学现代化的最先奠基人之一

尽管大陆学术界对顾颉刚的评价越来越高，但仍有学者认为对顾颉刚理解不够深入，顾颉刚最令人怀念的学格和人品还没有完全挖掘出来。香港学者许冠三在其名著《新史学九十年》中就说，可惜数十年来讲论顾氏学行的人，连他最亲近的师友、学生和爱慕者在内，多半只看见他是"古史辨的中心人物"，以及他在古史学领域的有形影响，而忽视其学格与人品的深长含义。即使是述学，也多是只知其一，不知其二。等而下之的，自不免以偏概全了。许冠三在这部书中将顾颉刚与胡适一道列为"方法学派"，给顾颉刚确定的标题是"始于疑终于信"，可谓独具慧眼。与以往评价顾颉刚的古史考辨有"破"无"立"，或"破"重于"立"不同，许冠三认为顾颉刚史学的要旨并不限于疑古和辨伪，考信方面且是后来居上。顾氏对于现代史学的贡献，其实是破立相当的。最后二十年的工夫，则完全以立为宗。他的《尚书》研究，其造诣之高，无论就规模、见识、方法、资料与体例或任何一方面看，已远在王国维的《尚书》研究之上。

许冠三在此书中，对顾颉刚的学格和人品最为欣赏，评价极高。他认为，从更长远的观点看，最值得人怀念的，恐怕还是他那嗜学如命的性格、探索真理的豪情和开拓门径的兴味。在现代史学家中，他无疑是极少数乐学的学者之一。既能在学问中体会到"真实的美感"，又能在探索中感受到"不尽的欢喜"。他对知识的"馋渴"，对真理的"热心"和"不厌不倦"的兴味，可以说是与生俱来的。顾氏学格的另一珍奇，是他敢于示人以真面目，敢于承认、修正错误和乐于面对他人的驳议。许冠三的这篇文章，不仅高度评价了顾颉刚的学术成就和贡献，而且强调他在古史研究中是"破立相当"的，更重要的是突出了顾颉刚的学格和人格，将顾颉刚一生最精彩、最动人的一面充分挖掘出来，在顾颉刚研究中是一篇经典之作。

真正为顾颉刚在中国现代史学定位的是海外著名学者余英时。他在顾颉刚去世不久的1981年发表了一篇题为《顾颉刚、洪业与中国现代史学》的文章，在此文中，他从中国现代史学的产生和发展历程中来评价顾洪二人的贡献。他认为，在近代中国史学的发展历程上，顾先生和洪先生可以说代表了史学现代化的第一代。尽管他们都继承了清代考证学的遗产，在史学观念上他们则已突破了传统的格局。最重要的是他们把古代一切圣经贤传都当作历史的"文献"来处理。就这一点而言，他们不但超过了一般的乾嘉考据家，而且比崔述和康有为更向前跨进一步。

余英时还把顾颉刚与西方著名史学家兰克相比，他认为顾先生的"要辨明古史，看史迹的整理还轻，而看传说的经历却重"，把史学的重心转移到文献问题上来。而兰克也曾说过："在我们把一种作品加以历史的使用之前，我们有时必须研究这个作品本身，相对于文献中的真实而言，到底有几分可靠性。"这与顾先生所说的"史家的辨古史"的态度相似。

余英时认为，顾先生"层累地造成中国古史"之说之所以能在中国史学界发生革命性的震荡，主要就是因为它第一次有系统地体现了现代史学的观念。所以此说一出，无论当时史观如何不同的人都无法不承认它在史学上所占据的中心位置。在"史料学"或"历史文献学"的范围之内，顾先生的"层累说"的确建立了库恩所谓的新"典范"，也开启了无数"解决难题"的新法门，因此才引发了一场影响深远的史学革命。除了《古史辨》结集为七厚册外，还有无数散在各报章杂志的文字都是在《古史辨》影响之下写成的。

余英时在文章最后总评说，顾先生除了辨伪之外还有求真的一面，而且辨伪正是为了求真。他辨伪尽管有辨之太过者，立说也确有不尽可信者，但今天回顾他一生的业绩，我们不能不承认顾先生是中国史学现代化的第一个奠基人。他后来在将此文收入文集时，将"第一个奠基人"又修改为"最先奠基人之一"。

余英时把顾颉刚定位为中国史学现代化的第一代，"层累说"第一次有系统地体现了现代史学的观念，建立了新"典范"，顾颉刚是中国史学现代化的第一个奠基人。这是对顾颉刚学术事业和学术成就的极高评价，从顾颉刚的一生贡献和影响来看，他是当之无愧的。

顾颉刚作为现代史学的奠基人，其贡献远不限于自己的学术成就，更体现在他对多个史学领域的开辟和人才的培养。学术界一致公认他是中国现代民俗学和历史地理学的开创者，其贡献和影响前文已有详论。仅就人才培养而言，他取得的成绩在现代史学界也无人能比。杨向奎在20世纪80年代发表的文章中，一再强调顾颉刚"在造就人才方面也有很多贡献，恐怕比学问方面的贡献更多"。这并非仅是身受其惠的恭维之词，而是实实在在的事实。20世纪30年代以后成长起来的史学家很少有人不受顾颉刚的影响，直接得益于他的发现、培养和提携的史学家就可列出一大串，如钱穆、童书业、杨向奎、史念海、白寿彝、谭其骧、朱士嘉、侯仁之、张维华、徐文珊、冯家昇、王树民、郭敬辉、韩儒林、吴丰培、王钟翰、方诗铭、刘起釪、王煦华、李民等等。王学典、孙延杰在《顾颉刚和他的弟子们》一书中说，学术资料表明，从20世纪20年代开始至新中国建立，学术界特别是史学界真正创立了一个学派、扭转了一时学术风气的，可以说除胡适、顾颉刚外再无他人。在民国时期的史学界，事实上长期坐第一把交椅的是顾颉刚，这有大量的资料佐证。顾颉刚不但以古史名世，更以善于识拔、奖掖、培养青年学人蜚声士林。顾颉刚本人是胡适的门生，他自己又带出了一大帮弟子，这帮弟子遍布学界，且又各自带出了自己的学生，支撑着当今的史坛。这就是现代学术的薪火相传。在培养学术传人方面，可以说顾颉刚前有章太炎、胡适，后无来者。

顾颉刚播下的学术种子并不限于史学界。他的《古史辨》第一册的自序，论述条理、行文流畅、气势磅礴、直抒胸臆，不光是中国现代史学史上的一篇大文章，也是中国白话文学的精品，曾被收入 20 世纪 30 年代出版的《中国新文学大系》，并被译为多种外国文字出版。在当时不知有多少被圣经贤传束缚的青年学生就是在这篇序言及《古史辨》的震撼下，一夜之间信仰崩溃，观念改变，开始了怀疑，开始了思考，开始用自己的眼光和脑袋来看待和思考眼前的这个世界，有的因此激发起研究学术的兴趣，进而走上了研究学术的道路。前文提到的胡道静和费孝通受《古史辨》的影响思想大变就是明显的例子。

费孝通在《顾颉刚先生百年祭》一文中提到陆懋德先生说："此书（《古史辨》第一册）实为近年吾国史学界极有关系之著作；因其影响于青年心理者甚大，且足以使吾国史学发生革命之举动也。"顾颉刚提出"层累说"，怀疑先贤，颠覆传统，当时就有人担心会"影响人心"，而胡适对此的答复是："如果我们的翻案是有充分理由的，我们的翻案只算是破了一件几千年的大骗案，于人心只有好影响，而无恶影响。即使我们的证据不够完全翻案，只够引起我们对于古史某部分的怀疑，这也是警告人们不要轻易信仰，这也是好影响，并不是恶影响。"胡适所说的好影响自然是指打破对古人、古书、古史、古代观念和传统的迷信，用怀疑的眼光和求证的精神来看待一切，这正是新文化运动所倡导的民主和科学精神。由此可见，顾颉刚及《古史辨》在中国现代学术史和思想史上也占有一席之地。

国外的影响

顾颉刚及《古史辨》在国外也产生了巨大的影响。1926年，美国人恒慕义称《古史辨》自序是"中国近三十年中思潮变迁的最好的记载"，评价顾颉刚是"康熙、乾隆时代中国伟大的历史考证学派的一位杰出的后继者，而同时又是现在面临于我们之前的科学考证新时代的一位先驱"。

1971 年，美国学者施奈德在《顾颉刚与中国新史学》一书中对顾颉刚做了全面的评价，他说："顾颉刚是现代中国最卓越的史学家之一，是儒家偶像的破坏者和主张史学改革的人。""他想通过学术活动来纠正人们对中国过去的错误看法，整理那些被他认为有害于现代中国之成长的学术研究方向的东西。""顾颉刚的反传统主义有革命的成分，而他对中国学术的贡献，也就是他对 20 世纪中国革命的贡献。"

德国学者吴素云在《古史辨在西方汉学界的地位和影响》中说："西方关于评价新文化运动中顾先生及其学派的文献已经到了如此之多的地步，以致已不可能仔细查阅所有这些数以百计的论述古史辨学派在改革运动中所起作用的文章、专著和

博士论文。因此，只能略举一些最重要最流行的论著。"刘起
釪根据吴素云的略举，再加上施奈德《顾颉刚与中国新史学》
中所载，粗略统计出欧美研究顾颉刚的学者有四十余家，主要
论著有七十多种。由此可见，顾颉刚在西方史学界影响之大。

日本对顾颉刚的注意虽比欧美晚十年，但表现出更大的热
情和倾慕。1935 年，日本《中国文学月报》发表了武田泰淳介
绍顾颉刚学术的文章。1940 年，日本人平冈武夫将《古史辨》
第一册自序译成日文发表，在日本学界引起轰动。20 世纪 70
年代，平冈武夫和小仓芳彦先后来华看望顾先生。平冈以七十
高龄见面即抚抱顾先生，热泪盈眶地连呼："老师！老师！"小
仓芳彦主持翻译了顾颉刚的《秦汉的方士与儒生》等几部著
作，并在东京大学文学部讲授顾颉刚的《西北考察日记》，对
顾颉刚的学术做了多方面的介绍。

1989 年，顾颉刚的学生刘起釪应日本东京大学之邀前往讲
学和研究，亲身体会到日本学术界对顾颉刚的热爱。东京大学
等几所大学都曾要他讲顾先生的史学，往往讲完即有学者提问
顾先生的为人风度，举止特点，甚至身材高低，谈吐习性，等
等。他在早稻田大学讲到顾先生在学术上豁然大公，对尖锐对
立的意见都一律持欢迎的态度，所培养的人才之多，在国内学
术界是共见共知的，并举了钱穆、童书业、郭敬辉等人经顾先
生提携成为名学者的例子。刚讲完，有一位台湾女博士就说，
她是钱穆的学生，钱穆自己就曾写了这段经过。对这些情况，
在座的学者交相赞叹。一位年轻的日本学者上前用汉语对刘起
釪说："这样看来，顾先生和孔子是一样的。"顾颉刚虽然不能
和孔子相比，但他的大学者风范和乐于育人的性情已引起了国

外学者的称赞。

学术精神

作为中国现代史学的奠基人和播种者，顾颉刚留给后人的不仅是累累的学术成果，还有超越时代和研究领域的学术精神。大体说来，顾颉刚最值得称道的学术精神主要有以下四个方面。

第一，强烈的事业心和求知欲，旺盛的学术生命力。顾颉刚是天生的读书种子，在家乡苏州孕育，在北大发芽、生长，虽经各种政治风浪的吹打和生活的磨难，但强烈的事业心和求知欲至死不衰。从立志研究学问开始，他就一天到晚手不释卷，笔耕不辍，任何一点时间都不肯轻易让它空过。他在《古史辨》自序中曾说："我现在除了读书作文颇能镇定之外，无论做什么事情，仿佛背后有人追赶着，越做越要快，以至心跳心悸。"这就是说除了做学问，其他啥也干不成。更令人钦佩的是，他这种强烈的求知欲并不是表现在一时一地，而是相伴终生。他不单单追求自己的成功，还要组织一帮人共同开辟新事业。正所谓事业心更在求知欲之上。郑良树在《顾颉刚学术年谱简谱》一书的序言中对顾颉刚这种旺盛的学术生命力极为推崇。他说，在中国近代学术界，拥有卓越成就的人物不少；不过，拥有非常旺盛的学术生命力的，为数不多，而顾颉刚，就是这少数当中的一位。如果我们了解到日本帝国主义侵犯华北时，顾颉刚因为名列逮捕的黑名单内，空手辗转大后方缺乏研究资料的那种百无聊赖的生活；如果我们了解到他痛失祖母、两度丧妻及一度被点名批判，以至加剧他的失眠、神经衰弱症，以及后来并发出来的气管炎，而带来难以治疗的痛苦和悲伤；如果我们了解到他除了闭门治学，还因为爱国的赤诚而踏出象牙塔，考察边疆，创办杂志，组织学会，公开演讲，俨然"书生报国"的姿态出现在学术界里，那么，再回头来看看他的著作和贡献，我们才会真正地了解，他所拥有的那一股学术生命力，不但是旺盛如寒夜里扑不灭的熊熊火炬，而且是北风料峭、白雪纷飞里不肯熄灭的火炬，坚强柔韧无比。

第二，敢于怀疑的勇气。顾颉刚生性桀骜不驯，自幼就对老师和书本不迷信。在北大读书期间，更受胡适治学方法的影响，一切从怀疑开始。可以说，是个性、时代和师承给了顾颉刚怀疑的勇气。他曾说："我的心目中没有一个偶像，由得我用了活泼的理性作公平的裁断，这是使我极高兴的。我固然有许多佩服的人，但我所以佩服他们，原为他们有许多长处，我的理性指导我去效法；并不是愿把我的灵魂送给他们，随他们去摆布。对今人如此，对古人亦然。"正因为敢于怀疑，才会有《古史辨》。尽管有时也有怀疑过分、过头之弊，但他敢于怀疑的勇气从未减弱。

第三，"知出于争"的胸襟。顾颉刚始终把学术作为公共的事业，绝非少数人所能包办，他之所以欢迎别人的批驳，就是要造成一种讨论的风气，使一个人发现的问题成为大家都关注的问题，付诸学者共同解决。他曾说，从前有两句诗："鸳鸯绣出凭君看，不把金针度与人"，我们正要反其道而行之，先把金针度与人，为的是希望别人绣出更美的鸳鸯。他对自己的错误和缺点所持的态度是：一不修饰遮掩；二不强词狡辩；

三是应该修正的修正，应该取消的取消。煌煌七大册的《古史辨》从头到尾都以讨论集的形式出现，又尽管辑入反驳和批评其古史学说的文章，这正是顾颉刚"知出于争"胸襟的具体表现。至于他与刘掞藜、胡堇人、钱穆、谭其骧的学术争论更成为中国现代史学界的佳话。

第四，埋头苦干的态度。顾颉刚成名较早，事业心和求知欲极强，又爱订大计划，但在具体的研究中却谨小慎微，稳扎稳打，从最小处入手，甘愿做苦工。他认为如果不自认定了一个小范围去做深入的工作，便没有前进的可能了。凡是一件有价值的工作必须由于长期的努力，一个人的生命不过数十寒暑，固然可以有伟大的创获，但必不能有全部的成功，所以我们只能把自己看作一个阶段，在这个阶段中必须比前人进一步，也容许后一世的人更比自己进一步。能够这样，学术界才可能有继续前进的希望，而我们这辈人也不致做后来人的绊脚石。他在《古史辨》前五册的序言中一再强调"一定要干苦工""不想速成，不想不劳而获""不求近功"，这是一位深知学术研究甘苦的真正学者的态度和素养。胡适对顾颉刚这种埋头苦干的治学态度极为欣赏，他说："颉刚在我们的友朋中，是低着头努力的人。他不说空话、不喊口号，也不做什么《国学概论》《国学大纲》一类空疏的、无聊的，甚至于抄袭而成的文字。他是有计划的，勇敢的，就心之所要，性之所近，力之所至，以从事学问与著述。"从大处立志，从小处着手，勤奋努力、崇尚实干，这就是顾颉刚能成为史学大师的真正原因。

附　录

年　谱

1893 年　5 月 8 日（阴历三月二十三）出生于江苏省苏州市。原名顾诵坤，字铭坚，小名双庆。

1898~1905 年　入私塾。

1906 年　入长元吴公立高等小学校，接受新式教育。

1907 年　在高等小学读书。

1908 年　入苏州公立第一中学堂。

1909 年　入公立中学二年级。

1910 年　入公立中学三年级。与叶圣陶、王伯祥等人组织"放社"。与吴徵兰结婚。

1911 年　入公立中学四年级。苏州光复，参加学团及巷团。剪去辫子。

1912 年　入公立中学五年级。加入中国社会党。

1913 年　考入北京大学预科，编入二部。酷爱看戏。受同学毛子水的影响，开始有始有终地读书。听章太炎讲学。

1914 年　因欲改入文科，休学半年。识故事的变迁。秋后入学。作《寒假读书记》，此乃终生所记读书笔记之始。

1915 年　知今文家自有其立足点，古文家亦有不可信处。8 月后因病在家休学、读书。

1916 年　作《清代著述考》二十册。编《学览》《学术文抄》。7 月，因北京大学预科未毕业，遂改名为顾颉刚，以同等学力考入北京大学文科中国哲学门。

1917年　听胡适讲中国哲学史课。始学作白话文。

1918年　因妻病故，失眠加剧，在家休学。冬，入傅斯年、罗家伦所办新潮社。

1919年　在家搜集歌谣。5月，与殷履安结婚。9月，回北京大学复学。

1920年　北京大学毕业。留校任助教，为图书馆编目员。应胡适嘱，搜集姚际恒辨伪资料，标点《古今伪书考》。

1921年　秋，兼任北京大学预科国文讲师，授作文课，旋辞。11月，任北京大学研究所国学门助教。与钱玄同、胡适讨论辨论伪书、伪事。

1922年　因祖母病，请长假回苏州。为商务印书馆编中学语文、历史教科书，由此研究《诗经》《尚书》《论语》中的古史资料。

1923年　任商务印书馆职。在《努力周报》增刊《读书杂志》上发表《与钱玄同先生论古史书》，提出"层累地造成中国古史"观。12月，回北京大学研究所任职。

1924年　续任北京大学研究所国学门助教，编辑《国学季刊》。任孔德学校教员。《孟姜女故事的转变》发表。

1925年　续任北京大学研究所国学门助教，编辑《北京大学研究所国学门周刊》。与同事到妙峰山调查进香风俗。

1926年　续任北京大学研究所助教。编辑出版《古史辨》第一册。《吴歌甲集》由北京大学歌谣研究会出版。应林语堂之邀赴厦门大学任史学研究教授。

1927年　4月，应中山大学之聘，到广州，任中山大学史学系教授兼主任。主编《国立中山大学语言历史学研究所周刊》，编《图书馆周刊》。在语言历史学发起成立民俗学会。

1928年　任中山大学史学系教授兼主任，主编《民俗》周刊。编《妙峰山》《孟姜女故事研究集》等。任中山大学图书馆旧书整理部主任，主编《国立中山大学图书馆周刊》。参与筹建中央研究院历史语言研究所。

1929 年　续任中山大学史学系教授兼主任、中山大学语言历史学研究所主任、中央研究院历史语言研究所特约研究员。9 月，任燕京大学国学研究所研究员及学术会议委员。又任燕京大学历史学系教授。

1930 年　任《燕京学报》编辑委员会主任。《古史辨》第二册出版。

1931 年　9 月，任北京大学史学系兼课讲师。《古史辨》第三册出版。

1933 年　为罗根泽编著的《古史辨》第四册作序。

1934 年　在燕京大学、北京大学任课。与谭其骧共同创办《禹贡》半月刊。

1935 年　《古史辨》第五册出版。

1936 年　禹贡学会成立，先后任理事、理事长。

1937 年　"七七"事变后，被迫离开北平，受管理中英庚款董事会之聘，前往甘、青、宁考察教育。

1938 年　9 月，抵成都、重庆。10 月，抵昆明。12 月，任云南大学教授。

1939 年　续任云南大学教授，北平研究院史学研究所历史组主任。9 月，任齐鲁大学国学研究所主任。

1940 年　续任齐鲁大学国学研究所主任。

1941 年　续任齐鲁大学国学研究所主任。3 月，当选为中国边疆学会理事长。6 月，抵重庆，任《文史杂志》社副社长，至 1949 年停刊。11 月，应中央大学之聘，至该校任教。

1942 年　续在中央大学任教。7 月，当选为国民参政会第三届参政员。

1943 年　2 月，辞去中央大学教职。3 月，当选为中国史学会常务理事。5 月，妻殷履安病逝。

1944 年　3 月，任复旦大学史地系教授。7 月，与张静秋结婚。年底，任齐鲁大学国学研究所所长。

1945 年　任复旦大学教授。4 月，当选为国民参政会第四届参政员。

1946 年　续任复旦大学教授。8 月，任苏州社会教育学院教授。11 月，被选为国民大会社会贤达代表，12月，参加国民大会。

1947年　续任苏州社会教育学院教授。任大中国图书局总经理兼编辑部主任。任文通书局编辑所所长。任中国边疆学会理事长。

1948年　任大中国图书局总经理兼编辑部主任。任苏州社会学院教授。3月，当选为中央研究院人文组院士。6月，飞抵兰州，任兰州大学教授兼历史系主任。12月初，回上海。

1949年　任大中国图书局总经理。整理《浪口村随笔》，交合众图书馆油印。5月，任诚明文学院教授。8月，任诚明文学院中国文学系主任。

1950年　任诚明文学院教授兼中文系主任。任震旦大学教授。任中国新史学研究会上海分会干事。任上海市文物管理委员会委员。

1951年　续任诚明文学院教授兼中文系主任。译《尚书·周诰》八篇。

1952年　任上海学院教授。任复旦大学教授。任中国史学会上海分会理事。参加思想改造、"三反""五反"运动，写《自传》《年谱》，以做交代之用。

1953年　访中共华东局宣传部副部长匡亚明，述说难以从事研究及整理古籍工作的痛苦。

1954年　与章巽续编《中国历史地图集》。8月，离沪抵京，任中国科学院历史研究所第一所研究员。此后，一直在历史所任职。当选为第二届中国人民政治协商会议全国委员会委员。

1955年　《秦汉的方士与儒生》出版。10月，加入中国民主促进会。12月，被聘为中国科学院历史研究所第一所学术委员会委员。

1956年　整理《史记》及《三家注》。

1957年　应中国科学院地理所之邀，编辑《中国古代地理名著选读》，分任《禹贡》注释及《山海经》选释。

1958年　校点《史记》。2至8月，参加民进整风，做交心资料及检讨书十余万言。3至4月，参加历史所整风，写大字报及检讨书。7月，任中国民间文艺研究会常务理事。

1959 年　整理《尚书》。3 月，当选为第三届全国政协委员。5 月，任全国
　　　　政协文史资料研究委员会副主任委员。

1960 年　整理《尚书·大诰》。

1961 年　整理旧笔记，编订《史林杂识初编》。将整理好的《尚书·大
　　　　诰》交中华书局。

1962 年　续改《尚书·大诰》之考证及校注，续作参考书目。发表《〈尚
　　　　书·大诰〉今译》摘要。

1963 年　修改《大诰译证》。

1964 年　《史林杂识初编》出版。11 月，当选为第四届全国政协委员。

1965 年　住院、疗养期间，为何启君讲中国历史，并被整理为《中国史学
　　　　入门》一书出版。

1966 年　6 月，"文化大革命"开始。8 月，批判他的大字报已在历史所贴
　　　　出，《尚书》整理工作被迫暂停。被定为"资产阶级反动学术权威"，
　　　　戴高帽、受批斗。家中书库被封，不得随意看书写稿。

1967 年　8 月末，精神恍惚，恐不久于人世，立下遗嘱，寄希望于童书
　　　　业、张政烺等继续整理《尚书》。

1971 年　4 月，主持点校《二十四史》工作。

1972 年　续任《二十四史》工作一直到 1977 年。当选为第四届全国人民
　　　　代表大会代表。

1976 年　调刘起釪至历史所，协助整理《尚书》。

1977 年　继续整理《尚书》。

1978 年　当选为第五届全国人民代表大会代表。继续整理《尚书》。

1979 年　继续整理《尚书》。4 月，任中国社会科学院研究生院导师。5
　　　　月，任历史研究所学术委员会委员。

1980 年　12 月 25 日在北京逝世，享年八十八岁。

主要著作

（一）专著

1. 《中国上古史研究讲义》，中华书局，1988 年。

2. 《汉代学术史略》，东方出版社，1996 年。

3. 《秦汉的方士与儒生》，上海世纪出版集团，2005 年。

4. 《中国疆域沿革史》，商务印书馆，1938 年。

5. 《春秋三传及国语之综合研究》，巴蜀书社，1988 年。

6. 《西北考察日记》，中国社会科学院中国边疆史地研究中心，1983 年。

7. 《当代中国史学》，上海世纪出版集团，2006 年。

8. 《浪口村随笔》，辽宁教育出版社，1998 年。

9. 《中国历史地图集》，地图出版社，1955 年。

10. 《史林杂识初编》，中华书局，1963 年。

11. 《中国史学入门》，北京出版社，2002 年。

12. 《顾颉刚读书笔记》，台北联经出版事业公司，1990 年。

（二）编著

1. 《古史辨》（第一、二、三、五册），上海古籍出版社，1982 年。

2. 《辨伪丛刊》，朴社，1926~1933 年。

3. 《吴歌甲集》，上海文艺出版社，1990 年。

4. 《妙峰山》，上海文艺出版社，1988 年。

5. 《孟姜女故事研究集》（第一、二、三册），上海古籍出版社，1984 年。

6. 《崔东壁遗书》，上海古籍出版社，1983 年。

7. 《史记》（白文本），北平研究院，1936 年。

8. 《尚书通检》，书目文献出版社，1982 年。

9. 《古籍考辨丛刊》（第一集），中华书局，1955 年。

10. 《诗经通论》，中华书局，1958 年。

（三）后人编校整理的著述

1. 王煦华编选：《顾颉刚选集》，天津人民出版社，1988 年。

2. 《顾颉刚古史论文集》（第一、二册），中华书局，1988 年。

3. 《顾颉刚古史论文集》（第三册），中华书局，1996 年。

4. 顾潮、顾洪编校：《中国现代学术经典：顾颉刚卷》，河北教育出版社，1996 年。

5. 顾洪编：《顾颉刚学术文化随笔》，中国青年出版社，1998 年。

6. 《顾颉刚民俗学论集》，上海文艺出版社，1998 年。

7. 顾潮编著：《顾颉刚年谱》，中国社会科学出版社，1993 年。